何のためにに働くのか

自分を創る生き方

寺島実郎

JN283851

文春新書

921

何のために働くのか——自分を創る生き方◎目次

第四章　新しい産業社会への視線——時代認識への示唆

はじめに

就職という人生の転機において迷い悩む学生、そして就職しても納得した仕事に向き合うことができず、三年で三割が転職する若者の表情をみつめてきた。そこで、働く意味を探りながら、これらの若者に考えるヒントを提供する試みをすることにした。この小さな本を手に、静かに息をすいこむように、世界と人生を考えてもらいたいと思う。そして、人生を創りあげることとは何かを考えてみたい。

「ヨイトマケの唄」の衝撃

人間はなぜ働かねばならないのか。働くことの意味とは何か。
我々が生きるこの時代に、それを考えることは容易ではない。
二〇一二年十二月三十一日の「ＮＨＫ紅白歌合戦」で美輪明宏が歌った「ヨイトマケの

唄」が、予想外の感動と高視聴率を呼んだ。この歌の深層に「働くこと」の本質に迫る手がかりが潜んでいる。

美輪の歌が私たちの胸に迫ってきたのは、そこに「違和感」と「変わらざる価値に対する感動」があったからではないだろうか。


やれ、ＡＫＢだ、嵐だと、華やかな紅白歌合戦らしい舞台が続いたあと、暗転したステージに美輪が登場した。

黄色い髪にドレスという見慣れた女装とは打って変わって、黒髪に目立たない黒のパンツスタイル。七十七歳という史上最高齢での初出場も異例なら、六分間もの長尺で歌うことも異例である。

曲目は、戦後の復興期に、家族のために額に汗して働く母の姿を描いた「ヨイトマケの唄」だ。「ヨイトマケ」とは、建設現場において、数人がかりで重い槌や柱を滑車を使って上げ下げし、地固めなどをするときのかけ声（「ヨイっと巻け！」）のことで、転じてその作業や、こうした仕事をする日雇い労働者を指す。

今日の機械化された建設現場では、かけ声をかけながら皆で綱を引くなどという光景は想像すらできない。今回はじめて「ヨイトマケの唄」を聴いた若者は、「ヨイトマケってなに?」と驚いたにちがいない。そこには時代錯誤的な「違和感」があった。

だが、いかに時代錯誤であったとしても、我々はこの歌に深く心を動かされた。なぜなら、この歌が「どんなに時代が変わっても、変わらざる親の愛」を歌っているからだ。四五・四%(歌手別視聴率、ビデオリサーチ調べ、関東地区)の高視聴率や、感激した若者がネットに大量の書き込みをするといった反響の大きさが、それを物語っている。

ヨイトマケの唄

今も聞こえる　ヨイトマケの唄　今も聞こえる　あの子守唄
工事現場のひるやすみ　たばこふかして目を閉じりゃ　聞こえてくるよ
あの唄が　働く土方の　あの唄が　貧しい土方の　あの唄が

子供の頃に小学校で　ヨイトマケの子供　きたない子供と
いじめぬかれて　はやされて　くやし涙にくれながら　泣いて帰った　道すがら

母ちゃんの働くとこを見た　母ちゃんの働くとこを見た
姉さんかむりで　泥にまみれて　日に灼けながら　汗を流して
男にまじって綱を引き　天にむかって　声をあげて　力の限りに　うたってた
母ちゃんの働くとこを見た　母ちゃんの働くとこを見た

慰めてもらおう　抱いてもらおうと　息をはずませ　帰ってはきたが
母ちゃんの姿　見たときに　泣いた涙も　忘れはて　帰って行ったよ　学校へ
勉強するよと云いながら　勉強するよと云いながら

あれから何年経ったことだろ　高校も出たし　大学も出た
今じゃ機械の世の中で　おまけに僕はエンジニア　苦労、苦労で死んでった
母ちゃん見てくれ　この姿　母ちゃん見てくれ　この姿

何度か僕も　グレかけたけど　やくざな道はふまずにすんだ

どんなきれいな唄よりも　どんなきれいな声よりも　僕を励まし　慰めた
母ちゃんの唄こそ　世界一　母ちゃんの唄こそ　世界一
今も聞こえる　ヨイトマケの唄　今も聞こえる　あの子守唄
〝父ちゃんのためなら　エンヤコラ　子供のためなら　エンヤコラ〟
（作詞・作曲　美輪明宏）JASRAC 出 1306348-301

教育における不変の基軸は親の背中である。つまり人間は人間によって育てられるのであり、まずは子供は親の生きる姿を見て成長するのである。

泥まみれになりながら「子どものためなら、エ〜ンヤコラ」とヨイトマケの綱を引く――そんな母親の姿を思い出し、半分グレかかっていた少年が、道を踏み外さずにすんだ。この物語には、強烈に心を打つ何かがある。

アナログの極みのようなヨイトマケは消滅し、デジタルの世の中になっても、親が子に注ぐ愛情や、子どもが「親の背中を見て育つ」ことはなくならない。親なるものの存在感を、これほどプリミティブに描き出しているメッセージ・ソングはないと、幅広い世代に静かな感動を与えたのだ。親が必死に生きる姿を見て、子供は道をはずさない。そんな基本となるメッセージをこの歌は突きつけているのだ。

単純明快な時代は終わった

「違和感」はもうひとつある。

じつはこの歌は成功物語でもある。

「自分もついにエンジニアになったぞ」「母ちゃん、見てくれ、この姿」と胸を張る、そのくだりにも時代の隔たりを感じる。

なるほど、この歌が生まれた一九六〇年代半ばには、エンジニアになることを「人生の成功」と呼べただろう。だが、いま日本社会を覆うのは、科学技術に対する信頼の低下であり、それが技術系の人々の自信喪失につながっている。

ヨイトマケの息子が「エンジニアになったぞ」と自慢できた時代は、遥か遠くになってしまったのだ。

大きな転機となったのは三・一一東日本大震災であろう。

原発事故を機に、原子力をはじめとする科学技術に対する不信が、どっとあふれ出た。

ひょっとすると、日本はこのまま衰亡していくのではないか——技術系の人たちがそんな悲しみに暮れながら〝じっと手を見ている〟姿が目に浮かぶ。

なかでも顕著なのは、原子力工学への不信である。大学に原子力工学科をつくるなど、戦後の日本は、この分野の専門人材の育成に努めてきた。大学の原子力工学科を卒業した人は、のべ三万五千人に達しており、現在も毎年三百人が卒業する。

それでも福島の原子炉の安全は守れなかった。また、日本のエネルギー政策は迷走中で、原子力をどう位置付けるのかさえ定かではない。そんな状況で「命をかけて原子力工学に立ち向かっていこう」と思う若者は、ほとんどいないのではないか。

土木工学の置かれた状況も様変わりした。公共事業も激減した今、理工学部・土木工学科を卒業しても、いまや土木工学では飯を食えない。建設会社が土木工学の専門家をどんどん雇ってくれる時代は過去のものになったのだ。

ついこのあいだまで花形だった電子工学でさえ雲行きは怪しい。「息子がパナソニックやソニーに就職が決まった」といえば、両親は近所に自慢できたはずなのに、いまや「リストラされないか不安です」と声をひそめて話すようなありさまである。

とはいえ、日本にとって、ものづくりとそれを支える技術はたいせつである。私が世界中で働いてきて実感したのは、ものをつくることに対する生真面目さと技術へのこだわりこそが、世界の日本への尊敬の念の源にある、ということだ。

それゆえエンジニアを大切に育てることは極めて重要だが、事態は一段と複雑化している。

エンジニアといえば、多くの人は、メーカーに入り、人々の生活を豊かにする新たな製品を開発し、人々に提供していく「ものづくり」の仕事をイメージするだろう。

しかし、アメリカでは一九九〇年代以降、金融業界で働く理工科系出身者が増えていった。一九八九年にベルリンの壁が崩れて冷戦が終わり、軍事産業で働いていたエンジニアが大量にリストラされたからだ。冷戦期の米国では理工系卒業者の七割が広義の軍事産業で働いたといわれる。兵器を製造する産業というだけではなく、軍事目的で産業が成立する「産軍複合体」といわれる構造になっていたからだ。ところが、一九九〇年代に入り「軍民転換」(軍事産業の民生転換)といわれる時代を迎えて、理工系の専門知識を持つ彼らが金融業界に吸収されたことで、一九八〇年代に生まれた「金融工学」と呼ばれる分野は、急速に進化し、膨張していった。金融工学は高度な理工系の知識を必要とする分野だったからだ。

この時代の潮流を受けて、日本でも金融業界に進む理工系の学生が増えていった。金融工学とは何かは、ここで詳述することは控えるが、高度な数学を駆使して作られた、新たなマネーゲームの別名である。この金融工学によって、世界はマネーゲームを牽引役とした金融資本主義に駆り立てられていった。そして、ついに金融工学によって生み出された、サブプライム・ローンを証券化した金融商品の価格暴落によって、二〇〇八年にリーマン・ショックが引き起こされた。

マネーゲームの片棒を担ぐような仕事をしているエンジニアは、果たして「母ちゃん、見てくれ、この姿」と胸を張れるのだろうか。エンジニアを取り巻く状況が、このように激変していることに深い感慨を抱く。

高学歴だからといって決して安泰な人生を送れるわけではない。ため息のでるような数字がある。

二〇一〇年に修士号や博士号を取った大学院卒業生は九万八千人いるが、そのうちで就職できなかった無業者が二万四千人を数え、なんとか仕事に就いたものの、非常勤や非正規雇用という不安定な状態にある人も三万人にのぼる。要するに、大学院を卒業した人の半分以上が、身分不安定なまま世の中に出たということだ。

過去五年をさかのぼれば、常勤の仕事に就けなかった大学院卒業生は二十万人を超す。これは衝撃的な事実ではないだろうか。

「ものづくり日本」の落日とその行く末に、多くの日本人が不安を抱いている。「母ちゃん、エンジニアになったぞ」と自慢できた「ヨイトマケの唄」から半世紀。がんばって地道に努力すれば、自他ともに認める職業に就くことができ、一歩一歩成功への階段を上っていける……。そんな単純な時代は終わってしまった。働くことをめぐるパラダイムが大きく変わったことに、改めて驚かされる。

「ヨイトマケの唄」を入り口に考えを巡らすと、素直に心を打つメッセージと「時代が違うよ」とつぶやきたくなる違和感が交錯するのである。

今、ここに存在する奇跡

さらに踏み込んで考えると、こんなことにも気づく。

あの歌が予想外の反響を呼び、高視聴率を引き寄せたのは、ヨイトマケの綱を引く母の遠景に、すべての日本人の親たち、大げさにいえば、日本の歴史を積み上げてきた無数の親たちの姿が見えたからではないだろうか。

「子どものためなら、エ〜ンヤコラ」という思いは、すべての親に共通する。自分はヨイトマケであっても、我が子は立派になってほしい――そう願いながら懸命に働いた親たちの、無限、無償の愛情に日本人が思いを致したことが、感動につながったのだ。

個人的な話になるが、私自身も両親の愛を受けて育った。とりわけ母とは性格もよく似ていて、マザコンだと人にからかわれることもある。

母は、日本がドイツに宣戦布告し、第一次世界大戦に参戦した一九一四年、広島県神石郡という中国山脈の山の中の片田舎で生まれた。いわゆる「職業婦人」の先駆けで、赤十字や東京都にも勤務し、戦前は看護婦養成学校で教壇に立ち、戦後は石炭会社に勤める父に連れ添って北海道や九州・筑豊の炭鉱を転々としながら、炭鉱の生活の近代化や、子どもたちのための給食運動に力を尽くした。

その母が九十歳で亡くなり、遺品を整理していたとき、ハンドバッグのなかにしわくちゃのメモを見つけた。そこには「昭和九年、故郷を出るとき、母が私に告げた言葉」との前置きに続いて、こんな歌が書かれていた。

踏まれても　根強く忍べ　道芝の　やがて花咲く　春こそ待て

上見れば　及ばぬことも　多かりき　笠着て暮らせ　人の世の中
下見れば　吾に勝れる　人も無し　笠取りて見よ　空の高さを

私にとっての広島の祖母が自ら創作したものではないにせよ、広島の山の奥に住み、おそらく一生涯そこから出ることもなかった祖母が、旅立つ娘にこんな言葉を贈ったこと、そして母がそれを七十年以上も大事に持ち続けたことに、心を揺さぶられた。子を思う親の心と、一隅を照らす形で存在した高い教養。日本を支えてきたのは、こうした草の根の人々の叡智なのだと、改めて思う。

「ヨイトマケの唄」の底に流れるのも同じものではないだろうか。この歌に登場する母親は、主人公の「母ちゃん」であるだけでなく、彼につながる祖先、さらには日本人の血脈を思い起こさせる。

戦争や貧困を生き抜いた親たちの苦労があって、いまの自分たちがいる。その重みを自覚しなければいけない。そして、我々は、自分たちがいかに恵まれた、豊かで安全な時代を生きているかということを、心に刻まなければならない。

なぜならば、自分が「いま、ここに、存在する」のは奇跡のようなことだからだ。

まず、父と母がいたから、自分が存在する。たとえ死んでしまっていても、会ったことさえなくても、「父と母がいたから、自分が生を受けた」という事実は揺るがない。どんな人間にも親はいるのである。

さらに順を追って考えると、自分の両親が生まれたのはそれぞれに二人の親がいたからであり、自分が存在する二世代前に、祖父母にあたる四人の人間が必要だったことになる。さらに、三世代前には八人、四世代前では十六人となり、十世代前にさかのぼるとその数は千二十四人になる。

十世代前というと、だいたい二百五十年前の江戸中期にあたり、それほど大昔ではない。試しに十世代前までの自分に血のつながっている直系の祖先の人数を数えると合計二千四十六人になる。つまり、二百五十年前のご先祖から両親まで、合わせて二千四十六人もの人間が自分につながっているのだ。

どれほどの深い孤独を感じていても、人間は決してひとりぼっちではない。時を二百五十年に限っても、自分という人間には、二千四十六人の先人たちの血が流れている。二千四十六人の命と歴史をつないで、今日の自分が生きているのである。

江戸中期から現在に至るには、深刻な飢饉もあったし、地震や津波などの天災もあった。

二千四十六人のなかには、疫病に苦しんだり、戦争で死んだ人もいただろう。途方もない苦痛や、耐えがたい不条理にさらされた人もいたはずだ。

その二千四十六人のひとりでも欠けていれば、いまの自分はここに存在しなかった。そう考えれば、自分の存在は尊い。自身のなかに脈々と流れるものに思いを馳せることが、歴史意識の原点なのだ。

仕事はどうあるべきか

「ヨイトマケの唄」は、移りゆく時代にあっても、変わらない母の愛を鮮やかに描き出した。

幾多の困難のなかを生き抜いてきた祖先たち、泥にまみれてヨイトマケの綱を引いていた無数の母親たちに思いを託されて、私たちはこの世に生かされている。だからこそ、日々を大切に生きなければならない。納得のいく働き方、手応えのある仕事をまっとうしなければいけないのだ。

就職や転職は、仕事や人生について、さらには自分が生きている世界について、深く考える好機である。その機に自分自身や仕事に真剣に向き合ってほしい。そんな思いから、若い人たちに向けてこの書を書くことを思い立った。

なぜ働かねばならないのか、働くことの意味とは何か。

若い世代の多くが、その答えを探して、悩み、もがいているにちがいない。

就職難の時代といわれ、血眼になって学生たちが「就活」に励む一方、就職が決まって社会参加しても入社三年で三割が転職するという現状は、悩みの深さの表れであろう。また若者と経済社会のミスマッチが生じていることの投影ともいえよう。

私自身、多摩大学の学長という立場になって四年、学生たちと接するなかで、学生たちの戸惑いをダイレクトに感じている。

世界は大きな構造変化のまっ只中にある。

冷戦が終わって二十年。アメリカの一極支配を経て、世界は無極化の時代へと向かっている。リーマン・ショックや欧州債務危機を引き起こしたマネーの暴走は「資本主義の驕りと歪み」を顕在化させたが、明確な新しい秩序はいまだ見出せない。

そして三・一一の衝撃を受けた日本では、原子力安全神話の崩壊によって科学技術への信頼が揺らぎ、産業界はイノベーションの意欲を失い、メディアも内向きになったままである。確実に進む少子高齢化のなか、すさまじい勢いで貧困が広がっている。一億総中流という幻想もいまは昔。労働人口の三四％が年収二百万円以下という厳しい状況に置かれている。

こんな時代に、自分なりに納得できる、手応えのある仕事に就くのは不可能なのだろうか。それでも私は希望を失ってはならないと思う。

理性と知性、論理的思考を取り戻して、やりたいと思うこと、打ち込むに値する仕事を見つけて、それをやり通す。そして仕事を通じて自らの職能を高め、社会に貢献していく。若い人たちにもそんな働き方をしてほしいし、その可能性はある。

世の中が激しく揺れ動くいま、「働くこと」にどう向き合うべきか。それを次章から深く掘り下げてみたい。

第一章　働く意味を問う

1.「カセギ」と「ツトメ」

人間はなぜ働かねばならないのか

ここから本題である「働くこと」について考えてみよう。

こんな寓話がある。お城の外に出た王様が、道ばたの乞食に歩み寄り、「君はなぜ働かないのか」とたずねたところ、男は「何のために働くんだ？　働いたらどうなるのか？」と聞き返した。そこで王様は「働けば、豊かな生活が手に入る。豊かになれば、何物にもしばられず自由に呑気に生きることができる」と答えた。すると男は「俺はいまでも十分に自由だ。働いても意味がない。だから放っておいてくれ」と言ったという。

苦笑せざるをえないが、一面の真理であり、確かに「人間はなぜ働かねばならないのか」を語るのは難しい。しかし本書では、その難題にあえて挑みたい。

まず問いかけたいのは「働くこと」の意味である。

「働くこと」を突き詰めると「カセギ」と「ツトメ」という二つの要素に行き着くのではないだろうか。簡単にいえば「カセギ」とは経済的自立であり、「ツトメ」とは社会参画や社会貢献を指す。

どんな社会でも、経済的自立を果たしていない人間を大人とは認めない。「年齢が二十歳になれば大人になる」という単純な話ではなく、自分の意志で経済的に自立することは大人になるための要件のひとつである。

ただし、経済的自立だけでは十分ではない。「おつとめ」という言葉があるように、社会に参画して、世の中に何がしかの貢献をすることも必要である。つまり、原始共産社会から現代社会に至るまで、「カセギ」と「ツトメ」の両輪を確保してはじめて「大人になった」と社会的に認知されるのだ。

望ましくは、この「カセギ」と「ツトメ」をひとつの仕事に就くことで同時に獲得できれば、それに優るものはない。経済的な自立はもちろん、仕事を通じて能力を高め、余人をもって代えがたいと認められる存在になる。新しいものを創造し、組織や社会に貢献する。そういう仕事を持つ人は幸福な人生を送っているといえるだろう。

失われていく仕事の喜び

残念ながらいまの社会では、「カセギ」と「ツトメ」が一体となった手応えのある仕事に必ずしも出会えるとは限らない。そこが問題なのだ。

「カセギ」だけを確保するのなら、実はそれほど難しい話ではない。コンビニエンスストアのレジに立っても、居酒屋で働いても、時給千円ぐらいは稼げるし、そういう仕事は世の中にたくさんある。非正規雇用の労働条件は厳しいが、健康さえ許せば自分一人がしのぐぐらいなら、なんとかなる。それでとりあえず生活が成り立てば、「誰の世話にもならず、経済的に自立している」と主張することはできる。

しかし、こうした仕事を通じて社会に貢献していると認められたり、自分なりの納得感を得られるかというと、それは難しい。昔はよく「仕事を通じて人格を高める」という言い方をしたが、何とかメシを食うための「カセギ」を満たすだけの仕事で人格を高め、働くよろこびを得るケースは非常に稀であろう。

なぜかというと、社会全般で専門化が進み、仕事の中身がどんどん断片化しているからだ。「レジでバーコードをなぞるだけ」といった具合に、仕事が単純化、平準化、パターン化されて、「誰がやっても同じ」というタイプの労働が増えている。そんな仕事のなかに、やりがいや働きがいを見出すことは容易ではない。

労働が変化した背景には、科学技術の進歩やＩＴ革命がある。マサチューセッツ工科大学が開発に関わったバーコードは、流通情報革命の例としてあげられることが多い。これは、誰が現場を支えても人為的なまちがいやミスが起こらないよう、労働を平準化、パターン化するために生み出されたシステムである。

アメリカでは、バーコードを「フールプルーフ（fool proof／誤った操作をしても危険な状況を招かない、あるいは、最初から誤った操作をさせないように配慮して設計されたもの）」の一種とみなすが、「フールプルーフ」を日本語に訳すと「バカよけ」となる（日本の技術用語では「ポカよけ」とも呼ぶ）。誰でも扱える、つまりは「バカでも平気」というシステムだといえば少々語弊があるだろうか。

いまやアメリカでは、英語をしゃべれない人、あるいはヒスパニック系のように「英語をしゃべらない人たち」が三千万人を超える。そうなると流通の現場を支える人材を訓練し、まちがいが起こらないようにするのは骨が折れる。そこで、誰がレジに立っても同じように仕事がこなせる、熟練者でなくても現場が支えられる、バーコードのようなシステムをつくる必要があったのだ。

このシステムが定着すると、労働力はいつでも取り替えられるものになる。誰がいつ辞めても困らないから、労働コストも抑えられる。引き継ぎマニュアルもいらないし、新人に特訓を受けさせる必要もない。「あなた、バーコードぐらいなぞれるでしょ」というわけだ。

たまたま流通における人材管理の問題を例にあげたが、ものづくりの現場でも事情は同じである。

製造業において基盤をなす人材の能力として「金型の設計」があるが、かつては十年、二十年の熟練を要したこの「金型の設計」が、いまではCAD／CAM（グラフィックイメージを作成・修正するコンピューター・システムの総称。メカニカルデザイン、設計などに用いる）を使って簡単にできてしまう。大学でコンピューターを勉強した新卒の社員が、三カ月ほどで熟練の技術者に追いつくことも可能だ。

熟練工にしてみれば「俺の二十年は何だったのか……」と天を仰ぎたくなる。それがIT革命がもたらすインパクトの恐ろしさだ。

中間管理職の必要がなくなり、排除も進む。バーコードをスキャンするだけで流通情報が一手に管理できるので、トップからダイレクトに現場をマネジメントできるようになる。

要するに、現場で働く人たちを束ね、レポートを書いたり、運営方針をつくったりする役割の管理職が最小限しか必要なくなるのである。

さまざまな業界で、ITによって現場を効率的に回転させて、コストを徹底的に削減する仕組みが広がっている。それが労働者の環境をドラスチックに変えているのである。

かつて、労働は「苦役」だとみなされていた。毎日繰り返される農作業や肉体労働のように、働くことは重い荷物を背負うがごとく苦しくつらいものであり、「苦役からの解放」が歴史の進むべき方向だと考えられてきた。

機械化や分業化が進んだおかげで、わたしたちは額に汗する苦役のような労働からは解放された。だが皮肉なことに、単純化され、平準化された単調な仕事の中で、創造するよろこびや成長の感動からは遠ざかってしまったのである。

経験を積めばスキルが磨かれ、給料も右肩上がりで上昇する。そんな古き良き時代の仕事はどんどん消滅しつつある。多くの現場で期待されているのは、バリューチェーンの一部分でパターン化された労働をこなす「部品」としての役割だけ――新卒で会社に入った若者の三割が三年で転職するのは、それに気づいたからではないだろうか。

乖離する「カセギ」と「ツトメ」

「カセギ」と「ツトメ」の話に戻れば、自分が「部品」にすぎないと感じることは、「ツトメ」を意識して努力しようと思う者にとって虚しさを意味する。「自分のやりたかったのは、こんな仕事じゃない」と若者たちが嘆くのも無理はない。

最近、若い世代がボランティア活動や社会貢献活動に熱心なのは、そのためではないだろうか。自分の仕事で「ツトメ」を実現することが難しくなったため、職場の外での活動に生きがいを求めているのだ。

「カセギ」と「ツトメ」が大人になるための要件だとしても、その両方をしっかりとつかむのはそう簡単ではない。現代の職場では「カセギ」と「ツトメ」の乖離が進んでいるのである。

その乖離に気づいた若者のなかには、既存の企業・組織を飛び出してベンチャー起業や社会起業家をめざすなど、「カセギ」と「ツトメ」が一体となった仕事を自らつくり出そうとする人もいるだろう。

「一業を起こす志」の必要が語られるが、多くの場合は、挑戦した先輩の失敗の事例をあまりにも沢山見ているために、挑戦する意思を失い、一段と安定志向の選択に向かっているのが現実である。ジレンマは深いのである。

だが、望み通りの大企業に入っても、先に指摘したように「部品」として働くだけでは満たされない。それまで学校や家庭で「自分らしく生きろ」「君の個性が大切なんだ」とおだてられ、甘やかされて育ってきたため、「誰がやっても同じ」のパターン化された仕事では「自分を見失ってしまう」のだ。かくして「三年以内に三割が転職」の素地ができあがる。

自分の居場所を求めてさまよう若者の深層心理を、もう少し掘り下げてみよう。

2．罪つくりな歌、「世界に一つだけの花」という幻想

社会にでてなぜ若者は落胆するのか

少子化で子どもが減っているため、いまの若い世代は親や祖父母に「蝶よ花よ」とかわいがられて育っている。昔に比べたら、正に「手塩にかけて」といえるほど周りを取り巻いた大人の愛情を受けてずいぶん甘やかされ育ってきたといってもいいだろう。

小さい頃から、運動会などの学校行事には、家族が総出でビデオカメラ片手に応援に駆

けつけてくれる。「その日は大事な仕事があって行けない」などと父親が言えば、家族から総スカンを食うだろう。大学生になっても状況は同じで、どこの大学でも、入学式、卒業式には学生数に近い父母が出席する。それが当たり前の光景なのだ。

祖父母の果たす役割も大きい。終戦直後の日本では、六十五歳以上の人口は全体のわずか五%だった。その頃の赤ちゃんは、自分の両親と、一人か、せいぜい二人の祖父母に囲まれて成長したことになる。ところがいまは、ほとんどの家庭で祖父母が四人とも健在である。一人の赤ちゃんを六人の大人が取り巻き、手塩にかけて育てているのである。

その子育てのBGMに流れる歌は「世界に一つだけの花」である。「ナンバーワンにならなくてもいい、もともと特別なOnly one」という歌詞のとおり、「人と比べる必要はない」「君は価値のある、世界に一つだけの花なんだ」と、両親、祖父母に励まされる。さらに高校や大学では「個性を伸ばす教育」の名のもとに、「一人ひとりが光を放てばいいんだ」などとさんざんおだてられ、自分を客観視できないまま大学を卒業するのである。

ところが、社会人になった途端、まったくちがう環境に出くわす。「おまえの個性なんかどうでもいい。おまえのやるべきことは、目の前の仕事をこなすこと、つまりこのバーコードをなぞることだ」「SEとして、とにかく黙ってプログラムを組めばいいんだ」と命じられ、「大人しい部品となること」を求められてしまう。「自分だけの花」を咲かせるなんて、そんな御託は並べるな、個性を高らかに謳いたいならカラオケでも歌ってろ、と。「個性を押し殺して生きることが社会人になることだ」と言われているようなものであり、いままで吹き込まれてきたことと比べると、あまりにも異なるギャップがある。「俺って何?」「私って何だったの?」と悩みはじめ、〝世界に一つだけの花〟はあっという間にしぼんでしまう。そして新たな自分探しを求めて、三割の人が三年以内に転職・退職してしまうのである。

たとえ転職を続けても、このギャップをいつまでたっても乗り越えられず、自己実現を求めて、いわゆる「永遠の自分探し」を続ける人もいる。現実社会との折り合いがつけられず、三十になっても四十になっても、〝青い鳥〟を探してさまよってしまうのだ。最近、こうした三十代、四十代に出くわすことが増えた。

就職難の最大の理由

若者が「カセギ」と「ツトメ」を両立する仕事を見つけられずにさまよい、「自分探し」を続ける背景には、もうひとつ重要なことがある。それは学生と企業の深刻なミスマッチである。
安定した人生を求めるあまり、学生には大企業志向が根強い。就職活動をはじめると、彼らはまずネットで企業情報を集め、興味のある大企業にエントリーシートを送る。エントリーシート記入の「傾向と対策」に従って、何百通ものエントリーシートを書き送るというからたいへんである。俗にいう〝エントリーシート・シンドローム〟である。

「大企業にエントリーシートを送ることが就職活動だ」と錯覚している学生もいるようだが、そんなやり方では就職難民になっても不思議ではない。なぜなら毎年五十五万人が大学を卒業するのに対して、大企業の（大卒の）新卒採用は約十一万人にすぎないからだ。学生が大企業だけを狙う限り、就職できない人が大量に出るのは必然である。

この問題を解決するには、学生が大企業以外にも目を向けるしかない。従業員千人以上の大企業は約三千社（企業全体のわずか〇・二％）だが、優良な中堅・中小企業は七十二万八千社もある。こうした中堅・中小企業の新卒採用数は四十二万六千人（うち大卒は約十八万人）、中途採用者も合わせると採用ニーズは年間約二百七十万人にのぼる。

だが、学生が利用する就職情報サイトに掲載されているのは、大企業を中心とした約八千社の情報中心である。就職活動中の学生や進路未定者に、中堅・中小企業の情報はなかなか届かない。その結果、中小企業は慢性的な人材不足に陥り、毎年十三万人もの学生が定職に就けないまま卒業するというミスマッチが起こっている。

確かに、学生が大企業に殺到する理由もわからないではない。背景にあるのは「この世に安定した仕事なんかない」という恐怖感である。「ヨイトマケの唄」のようにエンジニアが花形だった時代も去り、安定志向の学生がこぞって就職したソニーやパナソニックさえも、経営難が伝えられて久しい。不確かだからこそリスクをなるべく回避し、「寄らば大樹の陰」か公務員しかない、とでも思っているのだろう。

安定志向も否定されるべきものではない。だが、十分な判断材料を備えて、進路選択がなされているかというと、そうでもない。学生は知名度などを頼りに「なんとなく」企業を選んでいるだけで、ほんとうの意味で企業を吟味しているとは思えない。「就活」の中味は実は驚くほど薄く、行き当りばったりというケースが多い。

実際に「君はどういう仕事をしてみたいんだい？」と学生に問うと、「エネルギーに関心があるので、エネルギー分野で仕事をしたい」「食糧問題に関心があるので、食糧の分野で働きたい」といった漠然とした答えが返ってくる。食糧の分野といっても、生産段階から加工、そして流通段階まで、様々な次元があり、農業団体から生産法人・流通法人まで、さまざまな仕事のありようがあるのに、具体的に踏みこんで考えるだけの情報と材料がないまま、せいぜい食品関係の大手企業にエントリーシートを出してみる程度のレベルで若者たちは就職活動の渦にのみこまれてゆく。その結果、「入社してみると、イメージしていたものとはちがう」ということになるのであろう。

一度働いてみた若者が職場に失望する大きな理由に雇用条件の厳しさがあることも確かである。実際の働く現場は殺気立っており、就業時間の長さ（サービス残業の多さ）や実際に手にする給与の低さ（昇給もままならぬ厳しさ）、職場での暗黙のルールによるしめつけなど、ぬるま湯のような大学生生活を送ってきた者にはカルチャーショックを通り越したストレスを感じることが多いようだ。労働条件を経営者と交渉するはずの労働組合も、存在感が薄くなったのが現実で、組織率も一七・九％と、今や八割以上の勤労者は労働組合にも入っていないのが現実である。

頼るあてもないバラバラの星雲状態に置かれた労働者・勤労者が、結局拠って立つところは、自らの自覚で「カセギ」と「ツトメ」を探求していく個としての覚悟にならざるをえないのだ。その中から力を合わせるべき仲間、連帯すべき存在に気付き、ネットワークを結集し、自分の人生を創造していかねばならないのだと思う。まず、自らをみつめ、やわらかい思考で立ち上がることが大切なのである。

固定観念に縛られるな

就職は人生において非常に重要な選択である。エントリーシートを何百枚も書く時間とエネルギーがあるなら、「仕事というもの」にもっと柔軟に向き合うべきではないか。

若者には、もっと経済の現場を知ってほしいし、ビジネスの最前線で活躍し、苦しみながら何かを生み出してきた先人たちの話に耳を傾けてほしい。

大企業に就職するだけが人生ではない。規模は小さいが将来性のあるビジネスを手がける優良企業もたくさんある。また、出来上がった組織で勤め人として働くだけではなく、自ら起業したり、自分の腕一本で職人になるという選択もある。

「音楽が好きだから、ミュージシャンになる」という我が子に対し、ひと昔前の親なら「楽器弾きなんかで飯が食えるか！」と怒ったであろう。だが、それもひとつの生き方である。職業に貴賤なし。ひょっとすると、ミュージシャンとして途方もない成功を収めることもありうる。どこまで夢を追い、自分と折り合いをつけるかである。

デザイナー、コピーライター、イラストレーターといった、いわゆるカタカナ職業もすっかり社会に定着した。ハイパー・メディア・クリエーターなど、名前を聞いただけでは仕事の中身がさっぱりイメージできないものもあるが、それくらい職業が多様化している。

だが、これはごく最近の傾向かというと、そうではない。先日、神田の古本屋で見つけた『近代日本職業事典』（松田良一著、柏書房）には、明治・大正・昭和・平成における日本の職業の変遷がまとめられているが、これを読むと、いつの時代にもじつに多種多様な仕事があったことがわかる。ニッチな市場を狙った職業は、昔からたくさんあったのだ。

たとえば、ストリート・ミュージシャンやストリート・パフォーマーは、いつの時代にも存在していた。時をさかのぼれば、歌舞伎の祖とされる出雲の阿国もストリート・パフォーマーの類である。明治になると、落ちぶれた武士の中から剣道の居合抜きを見せて町人からカネを取るという輩も登場した。江戸時代なら「武士の名折れ」とのそしりを免れない仕事だが、明治になって背に腹は代えられなくなったのだろう。

『近代日本職業事典』には、立ちんぼ（道に立ち、通りがかりの車の後押しなどをして駄賃をもらう人）から振付師まで約千三百の職業が紹介されているが、時代の変化、技術の進歩を背景に、ニーズに応じて新しい職業が手を替え品を替え登場してきたことに改めて感心する。

馬で貨客を運搬した馬方は、明治になって馬丁（馬の世話をする人）や車夫（人力車を引く人）になり、さらにはタクシー運転手へと変化した。巡り巡って、最近は京都や浅草あたりで人力車を引いて観光客を運ぶ仕事が復活しているのも興味深い。

明治の女性にとって憧れの職業だった電話交換手も、技術の進歩とともにいったん姿を消したものの、近年は企業のコールセンターで働くオペレーターとして再びニーズが高まっている。江戸時代の糞尿の回収業も、廃品回収業になり、最先端のリサイクル業になりと、少しずつ形を変えながら生き残っている。

また、いつの世も、大成する人物は、ニーズに応じて新しいサービスを提供するだけでは満足しない。馬を持っている馬方を束ねてネットワークをつくるなど、その職業をうまくシステム化し、新たなビジネスモデルをつくることで成功の階段を上っていく。

典型例は薬売りという行商をシステム化して日本全体を網羅するビジネスモデルを構築した「富山の薬売り」である。システム化によって、「地元で金魚売りの行商をする」といった小商いとはスケールのまったく異なる、巨大ビジネスを動かすことができたわけだ。

大企業で〝宮仕え〟をすることだけが進路ではない。自分の才覚で新しい時代に合った道を切り拓いていくのもおもしろいのではないだろうか。

就活で仕事というものに向き合うときには、旧来の価値観や固定観念に縛られることなく、もっと視野を広げて柔軟に考えてほしい。そうすれば、「なんとなく選んだ有名大企業に、とりあえずエントリーシートを送ること」以外の道が見えてくるはずである。

3．歴史の進歩への参加

賢いサルになれ

先ほども述べたように、現代の社会では「カセギ」と「ツトメ」が一体となった手応えのある仕事はすぐ目の前にあるというものではない。だが、優良な中小企業やＮＰＯ・ＮＧＯ、地域密着型のビジネスなど、視野を広げて社会を見渡せば、やりがいのある仕事に出会うチャンスはまだまだあるはずだ。

わたしが就職をした一九七〇年代よりも、確かに状況は厳しいかもしれない。しかし、こういう見方もできるのではないか。「立身出世」「末は博士か大臣か」という言葉がまったく聞かれなくなったように、出世至上主義の古い価値観が廃れたことで、以前より多様な生き方、自由な働き方ができる時代になった。新卒時に、就職人気ランキング上位の有名企業に入れなくても、悲観する必要はない。ストリート・ミュージシャンでも、ハイパー・メディア・クリエーターでも、農業や水産業でもいい。与えられたチャンスのなかで自分自身を高め、自分なりの「働くよろこび」を実現する方法を人生をかけて創り出していけばいいのだ。

重要なのは「カセギ」と「ツトメ」が一体となった納得できる仕事に幸運にもめぐり合うことではなく、長い時間をかけて、経済的自立を確保し、かつ世の中の貢献にもなる人生の形を粘り強く創りあげていくことなのである。人間は食べるためだけに生きているわけではない。「カセギ（メシのタネ）」の確保だけが目的で働くのなら、極端な話、サルと大差がないからだ。

ところで、最近、深く考えさせられる事実を知った。今やヒトゲノムの解析は終わり、実際に人間とチンパンジーのＤＮＡは九八・八％同じであることがわかったというのだ。人間とチンパンジーは約七百万年前に分化したという。わずか一・二％のＤＮＡの差が人間を人間たらしめている。では、サルと人間のちがいとはいったい何なのだろうか。

人間がサルよりもあらゆる面で優れているわけではない。運動能力は明らかにサルの方が高い。また、瞬間的に画像を認識し、記憶する能力は、サルの方が人間よりも優れていることが確かめられている。森にサルと人間を単独で放したら、おそらくサルの方が長く生き延びるだろう。しかし、森を出て、文明を築き、現在の地球で繁栄を謳歌しているのは人間だ。この差は何から生まれたのか。

まだ十分には解明されていないのだが、人間がサルよりも優れている能力、つまりDNAの一・二％分の差とは、言語表現能力やコミュニケーション能力だという。それは人間に「理性」の力を与えた。チンパンジーから分化した後、約二十万年前に現生人類が誕生した。そして約六万年前にアフリカから人類の「グレートジャーニー」（大陸間の移動）が始まったという。人間とは「環境適応生物」らしく、移動の過程で環境に適応して生きることを学習し、それが「進化」につながった。そして、人間は外部の環境をそのまま甘受するだけではなく、それを変えていくことができるようになった。「理性」はやがて自然だけでなく、人間が作り出した社会のあり様も大きく変えていった。

この人類の歩みに思いを馳せるとき、思い出す詩がある。詩人・薄田泣菫《すすきだきゅうきん》の「おさるの歌」だ。

向う小山を猿がゆく　さきのお猿が物知らず　あとのお猿も物知らず

なかのお猿が賢《かしこ》うて　山の畑に實《み》を蒔いた
花が開いて實が生《な》れば　二つの猿は帰り来て　一つ残さず食べほして
種《たね》子をおろした伴《つれ》の名は　忘れてついぞ思い出ぬ

果たして我々は、本当に将来のために種を蒔く「賢いサル」だといえるのか。人様が植えてくれた実に食らいついて腹を満たし、その日その日をなんとか生き延びる——そんな自分勝手な考えで日々を送るのなら、「物知らずのサル」と同じではないか。そう自問自答せざるを得ない。

「カセギ」だけを目的に働いていては、我々はいつまでも「賢いサル」にはなれないであろう。「ツトメ」を果たし、社会を少しでもよりよいものに変えていこうと努力することではじめて、我々は「賢いサル」になれる。そんな結論が見えてくる。

本書の冒頭で引用した「ヨイトマケの唄」のように、「子どものためならエ～ンヤコラ」と綱を引っ張った人たちの思いを受け継ぎ、私たちは生かされている。その重みを受けとめ、新しい時代や社会に対して応分の役目を果たさなければ、人間はサルよりも賢いとはいえないのだ。

その過程で、使命感のようなものが芽生え、「自分はこの仕事をするために生まれてきたんだ」と思える瞬間も訪れるだろう。

働くことを通して、世の中や時代に働きかけ、歴史の進歩に加わること。

少々大げさかもしれないが、それが働くこと、生きることの意味ではないだろうか。むろん個人がいくらがんばってみたところで、世の中はそう簡単に変わらないかもしれない。だが、そのような思いを心に抱いて生きることが大事なのだ。

炭鉱で目の当たりにした不条理

歴史の進歩に加わると述べてはみたが、そもそも、歴史の進歩とは何であろうか。色々な考え方があるだろうが、私はそれを「不条理からの解放」や「不条理の克服」だと考えている。たとえば、生まれながらの貧困は本人の責任ではない。その人の責任を問われる必要のないことで苦しむこと、それこそが不条理だ。そうした不条理を組織的、かつ制度的に克服していくこと、それこそが歴史の進歩ではないか。仕事に向き合う時も、こうした問題意識が必要だと思う。

こんなことを考えるのは、自分の原体験が影響しているかもしれない。小学校低学年の頃、私は福岡県・筑豊の炭鉱に住んでいた。その地で、社会には途方もない不条理が存在することを子供心にも思い知った。

記憶に焼きついているのは、同じ小学校にいた、ある姉妹の姿である。一九五〇年代半ばといえば、石炭景気に翳りが見え、日本各地で炭鉱がつぶれはじめた時期である。親が子供を捨てて失踪し、貧困のなかに取り残された姉妹が、昼休みに弁当を食べるクラスメートたちを横目に、空腹を必死でこらえながら本を読んでいた。貧しい姉妹には、弁当を持たせてくれる親も、弁当を用意する金銭的余裕もなかったのである。

それは土門拳の写真集『筑豊のこどもたち』（一九六〇年）に写し出された「弁当を持ってこられない子どもたち」の姿とまったく同じであった。

なぜ、子どもがこんな重荷を背負わなければいけないのかと胸が痛んだ。自分は恵まれた環境にいて、毎日弁当を持って行ける。だからといって、自分の弁当を分けてあげれば、姉妹の問題が解決するわけでもない。そこには、どうしようもないほど大きな社会的問題が横たわっていることを幼いなりに理解した。それが、社会科学的に現実を認識し、考えるきっかけだったのかもしれない。

この姉妹のような苦しみを救うには、当然ながら、社会システムの変革が必要になる。

それを成し遂げるために一歩ずつでも前進することが私にとっての歴史の進歩だ。

「自分探し」をしても「自分」は見つからない

「どう働くか」は「どう生きるか」に直結している。就職や転職が「自分が生きる意味」について思いを馳せる絶好の機会になるのは、そのためだ。

ただし、「生きる意味」について考えるといっても、「自分探し」とはまったくちがう。その点は誤解しないでほしい。

「自分はこれをするために生まれてきたんだ」と思えるもの、大仰にいえば「天命」や「天職」のようなものは、外を探し回って見つけるものではない。これだけは、はっきりいっておきたい。

やりたい仕事が見つからず、あせりを感じている人もいるだろう。採用してくれた会社にとりあえず入ったものの、「ここには自分を活かせる仕事はない」と落胆している人もいるだろう。だが、「いつか青い鳥が見つかるはずだ」と戯言を言いながらフラフラとさまよっても、求めるものは得られない。

目の前にある仕事、取り組むことを余儀なくされたテーマに挑戦し、激しく格闘しているうちに「自分というもの」がわかってくる。自分らしい仕事を探すのではない。仕事を通じて自分の可能性を懸命に探求していけば、おのずと「これをやるために生まれてきたんだ」と思える仕事に出会えるだろう。

あとで詳しく語るが、わたし自身の経験も実にそうであった。約束されたシナリオなどなく、青い鳥もどこにもいないのだ。何かを成し遂げた多くの先達たちも同様である。

次章では、先達たちが、どのように使命感に目覚め、社会を変革していったのか、具体的な事例をあげながら考えていきたい。

第二章　創造的に働くフロントランナーに学ぶ

1. 圧倒されるような大人に出会う

時代を切り拓いた先人たち

一九九〇年前後に生まれた学生たちと接していると、残念ながら親や親戚、教師を含め、圧倒されるような〝まっとうな大人〟に出会っていないと感じることが多い。彼らを取り巻いてきた大人たち（五〇年代半ばから六〇年代生まれ）は、バブル崩壊から「失われた二十年」などといわれる右肩下がりの時代を生きてきた人たちであって、何かを創造した世代ではない。そういう大人社会の空気を本能的に感じ取りながら何となく成長し、のめのめと二十歳過ぎになってしまったのだ。

「こんな人間になりたい」「この人のような仕事をしてみたい」と心底思った体験がないせいだろう。尊敬する人物の調査をしても、テレビなどを通じて見たタレントやスポーツ選手ばかりが上位を占めるという社会状況は、不幸というほかない。

ビジネスの現場で戦っている先人たちの体験談を聞く機会もないまま就職活動に突入しているため、働くということがイメージできないのだろう。だから、やりたいことも見えてこない。自分にふさわしい場所がどこかにあるはずだと、例の「自分探し」をはじめてしまうのだ。

繰り返しになるが、「自分らしい仕事」や「天職」は探して見つけるものではない。与えられた仕事はつまらないものかもしれないし、思いもよらなかったものかもしれない。だが、そのテーマに自分の身を投じ、歯を食いしばって対峙するうちに、自分というものが見えてくる。目の前にある仕事に没入せず、「青い鳥」を探していても、結局は何も見つからないのだ。

必死で取り組んだ結果、何の意味もなかった、という話になるかもしれないが、それはそれでいいのではないか。試行錯誤を重ねるプロセスこそが重要なのだ。逆説的に聞こえるかもしれないが、「自分というもの」は、与えられたものと目一杯戦ってみることでしか見えてこないのである。

進路に思い悩む若者たちに、ビジネスの最前線で活躍し、悪戦苦闘しながら時代を切り拓いてきた先人たちの話を聞かせたい――その試みのひとつとしてはじめたテレビ番組が

「就職を機に世界と人生を考える！　BS寺島　月9トーク」（BS12チャンネル・TwellV《トウエルビ》）である（この番組のもうひとつの目的は、対価を得ながら就業体験をする「ワークプレイスメント」を紹介することであったが、それについては第五章で詳しく語りたい）。

村上憲郎さん（前グーグル日本法人名誉会長）や孫正義さん（ソフトバンク社長）、安藤忠雄さん（建築家）、鈴木修さん（スズキ会長兼社長）をはじめ、「この人の話だけは真剣に聞いたほうがいい」と私自身が思う方々をゲストとして招き、現役大学生の前で対談を行った。

それぞれのゲストが、しみじみと心に沁みる話や、胸を打つエピソードを聞かせてくれた。単なる成功者の自慢話ではなく、苦悩のなかで何かに気づき、真摯に生き、何かを創造してきた物語ばかりで、収録に立ち会った学生も大いに刺激を受けたようだ。

高校生のとき、「うちは貧乏だから、大学へは行かせられないよ」と祖母に言われたことで「せめて二級建築士にはなろう」と大学の教材を取り寄せて、がんばった安藤忠雄さん。十五歳のとき予科練で敗戦を迎えて岐阜の実家に帰り、開口一番、「なぜ神風は吹かなかったんだ」と父親に尋ねたという鈴木修さん。それぞれの人の話に、「自分探し」などとは次元のちがう圧倒的な「何か」があった。それは自分の生きた時代や社会が押しつけてくる重圧のようなものを受け止めながら、自分の運命を積極的な考え方で変えていこうとする強い意思であった。鈴木さんは、御年八十三歳ながら、じつに頭脳明晰。その眼光の鋭さとやさしさも忘れ難い。

二〇一二年十二月から三カ月にわたって放送（一三年四月から再放送）した番組の内容をすべて紹介することはできないが、今回対談した人たちの話に共通するものとして、私自身が感じ取ったことを、ここで総括的にまとめておきたい。

焼け跡にも希望の芽があった

ひとつ目は「あらゆる物事には、歴史的な背景や理由がある」ということである。

彼らはみな、時代の潮流の中で、いかなる構造変化が起きつつあるのかを注視し、それがいかなる可能性を自分にもたらすのかを深く考え、そこから活路を見出し、新たなビジネスを創造してきた。

鈴木さんが会長を務める軽自動車メーカーのスズキは静岡県浜松市にある。では、なぜ浜松という土地に、ホンダやスズキに象徴される、日本の戦後復興を支えたオートバイ産業・自動車産業が勃興したのだろう。

浜松には、戦時中に陸軍の通信機用の小型モーターをつくる軍事工場があった。終戦後、工場に残っていたそのモーターをなんとか活かす方法を考えるうちに、自転車にモーターをつけることを思いつく。それがオートバイ産業の原型になった。

そのとき重要な役割を果たしたのが、浜松工業高校の卒業生たちである。戦場から生きて故郷に戻ってきた彼らが、浜松地域の製造業の根っことなり、オートバイ産業、さらには自動車産業が育っていったのだ。

戦後の焼け野原にかろうじて残っていたものに着眼し、それを土台に産業の基盤がつくられたことに感動した。何よりも、復興を可能にした人々の知恵と努力に敬服せざるを得ない。

「結局、残ったものは教育なんですよ」という鈴木さんの発言が忘れ難い。人を育てておくことの大切さを語る言葉が、私の胸に重く響いた。

広島のオタフクソースの佐々木直義専務の話にも、胸に迫る物語があった。

オタフクソースはお好み焼き用のソースで知られるが、広島がお好み焼きの街となった理由にも戦争が関係している。

広島に原爆が落とされ焼け野原になったあと、軍事工場には鉄板がたくさん残されていた。その鉄板の使い道として考えられたのが、「火の上に置いて調理に使う」ことだった。そして、食料難の時代に人々の空腹を満たすため、子どもたちのおやつだった「一銭洋食」を発展させ、進駐軍払い下げの小麦粉の生地に具材を混ぜて、鉄板で焼いて食べるお好み焼きが生まれた。

このお好み焼きに合うソースを研究するうちに、独特の味ととろみを持つ「お好みソース」が開発された。いまやオタフクソースは、中東をはじめ世界中からスパイスを輸入して研究開発を行い、味を進化させる一方、世界に向けてソースを輸出するプロジェクトも展開している。こうした世界展開には、キッコーマンに代表される醬油や味の素などの先例もあり、将来性にも大いに期待が持てる。

浜松や広島に、なぜこうした産業や企業が興り、大きく発展したかを考えるとき、これまで述べてきたような歴史的な背景に気づかされる。

原爆が落ちたあとの広島のように、すべてが終わったような気持ちになり、打ちひしがれたときでも、自分の周りを冷静に見渡せば、何かしら未来につながる種を見つけることができる。それに気がついて、頭を働かせ、体を動かすことが重要なのだ。

何も残されていないように見える焼け跡にも、希望の芽は必ず残されている。

2. 使命感の自覚――気づきと行動力

二つ目は、フロントランナーたちには、時代の潮流をつかむための「気づきと行動力」があるということだ。

日本のIT業界を代表する村上憲郎さんや孫正義さんと話をするなかで、わたしがもっとも興味を抱いたのは、インターネットの登場に象徴されるIT革命（情報ネットワーク技術革命）の大きな流れに、彼らが、いつ気がつき、自分の人生を賭ける選択をしたのかということである。

孫正義氏のひらめき

孫さんの場合は、一九七〇年代後半、高校を中退してアメリカ、カリフォルニアに留学していたときだという。街で偶然拾った科学雑誌に載っていたマイクロプロセッサの写真を見て、「これはすごい！」と直感した。「人類は、人類の未来を変える発明をした」と涙があふれ出し、この分野に進む決意をしたそうだ。まるで冗談のような、ほんとうの話である。

当時はまだ多くの人が、ＩＢＭなどの大型汎用コンピューターの時代が続くと思っていた。マイクロコンピューターは子どものオモチャのような扱いで、そんなものが主流になるとは思いもよらなかったのだ。

ところが孫さんは、ネットワークによってつながることで、小さなコンピューターが実は大きな力を発揮することを、かなり早い段階から気づいていた。しかも、気づいただけではなく、それを自分の人生のプロジェクトにしたのである。

その行動力こそが非凡である。同じように雑誌を読み、ことの重大さに気づいた人はたくさんいたとしても、その気づきを実際の行動につなげて勝負をかけることは、なかなかできることではない。「これだ！」と思ったものに食いついていく、その執念のような情熱とパワーが、ほかの人とのちがいを生むのであろう。

京都大学工学部で左翼運動の闘士だった村上さんは、京大卒にもかかわらず、「アカ（左翼）学生」という経歴から就職に苦労し、ようやく日立の子会社である日立電子に入社する。この会社が、たまたま日本のミニコンピューター（ミニコン）のトップメーカーだったのだ。それがきっかけでコンピューターの発展とともにキャリアアップを重ね、最終的にはグーグルという、ネットワーク情報技術を活かしたビジネスの先端企業を率いることになった。

村上さんのすごさは、時代の潮流を巧みに読み、それを自分の人生の転機にうまく活かしたことだろう。学生時代には革命家を夢見たものの、日比谷公会堂で革マル派に鉄パイプで襲われて脳挫傷を起こし、一週間も意識不明になったあと、三カ月の入院を余儀なくされた。それが人生を考え直すきっかけになったという話も興味深い。村上さんは笑いながら「転向した」という言葉を使っていたが、命がけで向き合っていたことで挫折した悲しみは深かったに違いない。

また、エイチ・アイ・エス会長の澤田秀雄さんが旅行ビジネスを立ち上げたのは、七三年に西ドイツに留学し、その間に世界五十カ国を旅したことが原点になっている。澤田さんはその旅行中に多くのことに気づいた。

そのひとつが、海外で買った航空券は安いが、同じものを日本で買うと倍ぐらいの値段になるということだった。

帰国後、日本のビジネスマン向けにツアーを企画するなどして、今日のエイチ・アイ・エスの原形となるビジネスモデルを練り上げ、失敗と苦労を重ねた末に、八〇年、エイチ・アイ・エスの前身となる会社を設立した。

澤田さんの話を聞いていると、一人で世界を動き回っているうちに病気をして死にかけたり、孤独の中で懸命に頭を働かせていた青年像が浮かび上がってくる。失敗してもくじけない意思は、そうした体験の中からつかみとったのだと思う。

人間は環境の子である以上、歴史の潮流に翻弄される。だが、今回対談した人たちは、大きな時代の流れの方向に気づき、それを追い風とした新しい事業やプロジェクトを始めた。そんな行動力、実行力を持つ人間だけが、自分の旗を高々と揚げることができるのだ。

そのときに重要なのは「使命感の自覚」であろう。

潮流をつかんで新しいことに打ちこむうちに、どこかの段階であたかも神の啓示のごとく、「あぁ、自分はこの仕事を成し遂げるために生まれてきたんだ」と思える瞬間がくる。使命感に目覚めれば、腹をくくることもできる。それが壁を越え、危機を克服する力となるのだ。

澤田さんの場合も、最初のうちは格安航空券を売るといった、ニッチを狙ったビジネスの成功だけを考えていたかもしれない。しかし次第に、日本の様々な規制を撤廃・緩和して時代を変革することが自分の使命だと思える段階を迎えたのである。

3．人間力と「素心」

「一緒に仕事をしたい」と思わせる力

最後に、時代を拓いてきたフロントランナーに共通するものとして「人間力」をあげておきたい。

それぞれ個性はちがっても、話をしていると、どの人からも人を惹きつけてやまない魅力や、生身の人間としての体温のぬくもりを、不思議なほど感じるのだ。

どんな種類のビジネスにおいても、結局のところ人間と向き合って相手の心を動かさなければ絶対に成功できない。デジタルなIT業界でも、人の心を捉え、動かす力は、とてもアナログ的なものである。

人の心や体温を感じ取り、それをベースに人間関係や自分を支えてくれる人的ネットワークをつくり上げる。そういう力を持っている人が、大きなことを成し遂げるのである。

では、人は彼らの何に惹きつけられるのだろう。わたしはそれを「素心《そしん》」だと考えている。「素の心」あるいは「素なる心」。お祭りで御神輿を担ぐとき「ソイヤー、ソイヤー」

とかけ声をかけるが、この「ソイ」とは「素意」、つまり「素心」のことである。神様に対して「私は素なる心を持っていますよ」とアピールしているのだ。「一点の素心」とは、私のいちばん好きな言葉でもある。

番組で、ある学生が鈴木修さんに「好きな言葉は何ですか」と質問したとき、八十三歳のご老体がカッと目を見開き、「やる気」と答えた。鈴木さんの言う「やる気」が「素心」に近い。「やる気があれば何とかなるが、やる気のない者はどうにもならん」というわけだ。

人間は無意識に人間の「素心」を見て、「こいつはほんとうに信用できる相手だろうか？」「なかなか期待できる若者だな」などと判断しているのだ。

たとえば、言い訳して逃げたくなるような苦しい場面でも、決して逃げない。「不器用でどんくさいヤツだが、こいつは逃げないな」と相手に感じさせるものが「素心」であり、それが「一緒に仕事をしたい」という信頼につながる。

年齢にかかわらず、人間としての軸の部分に「一点の素心」を持つ者が、人との信頼関係を築くことができるのだ。

「素心」がもたらす出会い

歴史に名を残すような偉人たちも、「素心」がもたらした人との出会いによって助けられ、危機を脱している。私の著作に『二十世紀から何を学ぶか』（新潮選書）がある。この作品を通じて二十世紀を動かした人物の足跡をたどりなおしたとき、私はそれを確信した。野口英世しかり、新渡戸稲造しかり、岡倉天心しかり。偉大な先達たちの人生にも、挫折や失望、裏切りや苦悩の物語が必ずある。だが、困難にぶつかって途方に暮れたとき、決定的に影響を受ける人物に出会うことで人生が拓けてゆく。

しかも、多くの場合、その出会いを本人が意図して求めたわけではない。出会うべくして出会う、とでもいうのだろうか。あとになって振り返ったとき「あの出会いが自分の運命を変えた」と気づくことが多いのである。

人生を救ったそんな出会いを引き寄せたのも「素心」あってこそだろう。

今回、番組で対談した人たちにも、共通してこの「素心」が見て取れた。

たとえば安藤忠雄さんに感じるのは、「おもろいヤツやないか。あいつにやらせてみよう」と思わせる何かを持っていることである。設計図を引くだけの単なる建築家ではない。人間的な魅力があるから、専門的な力を持った友だちが、「おまえがやるなら手伝うよ」

BUNSHUN
SHINSHO
文藝春秋

文春新書

と力を貸してくれる。さらには、その分野とはまったく関係のない友だちも集まってくれる。そうやってネットワークが広がり、仕事の規模も大きくなっていく。

「あいつにやらせてやりたい」と思わせるものの本質は、理屈ではなかなか説明できない。要するに、生身の人間が放つ魅力に、心をグッとわしづかみにされるのだ。しかも安藤さんは、いったん心を通わせたら、その人間関係をずっと大切にする。それが今日の安藤忠雄をつくったともいえるだろう。

「エンタメ界のカリスマ」とされるアミューズ会長の大里洋吉さんも同じで、渡辺プロダクションに勤めていた頃に手がけたキャンディーズから、今日のサザンオールスターズや福山雅治に至るまで、所属するタレントやアーティストと人間としての信頼関係で結ばれている。一九七八年のキャンディーズの解散では、既に渡辺プロを辞めてアミューズを立ち上げていたにもかかわらず、引退までの半年間、再びマネージャーを務め、伝説となった解散コンサートの総合演出も担当している。彼自身の知的好奇心の高さ、創造的なものに感動する少年のような感性、自分を育て支えてくれた人達への感謝、こうしたものが独特の空気をつくっていて、回りの人間の心を惹きつけるのであろう。

芸能マネジメントの世界を「所属タレントに働かせて、上前をはねる」というマネジメントではなく、彼らと深くつきあい、心の底から共鳴し合っていることである。つまり、人間として本気で向き合っているのだ。

事務所の要である桑田佳祐や福山雅治とも、日頃から時事問題を含めて本音で語り合うという。そういう関係だからこそ、気難しいところのあるアーティストも「この人と一緒に仕事をしていこう」という気持ちになるのだろう。

さらに、対談したどの人にも「あきれるばかりのこだわり」が感じられたということもつけ加えておきたい。自分の頭で、こだわり抜いて物事を考え、実行していく。「皆さんがそうおっしゃっているので、そう行動しました」「ネットの情報を頼りに決めました」という人は誰もいない。これこそが「人間力」だと言い換えることもできるだろう。

自分の頭で考える

いま、我々には自分の頭で物事を考える自由が確保されている。近代思想の父デカルトの有名な言葉に「我思う、故に我在り」があるが、高校生のときにこの言葉を知り、何を当たり前のことを言っているんだ、と思ったものだ。「私が考えるとき、私は存在する」、そんなこと決まってるじゃないかと。

だが、旧来の中世キリスト教的な世界観、価値観でがんじがらめだったデカルトの時代には、「我思う」、つまり「自分の頭で考える」という自由が許されていなかった。自分の頭で考えて、自分の存在を確認するという思考そのものが、近代的知性の発火点だったのだ。「我思う、故に我在り」と聞いて、バカバカしいとさえ感ずる。それぐらい幸せな時代を我々は生きているのだが、この状況こそが魔物なのだ。社会学者E・フロムの『自由からの逃走』ではないが、「自由に何を考えてもいいんですよ」と言われると逆に自由から逃げ出したくなる。「あなたがそう言ったから、こう行動したんじゃないか」と人に責任を押しつけるほうがラクだからだ。

しかも現代は、情報技術革命によって、誰もがネットにつながった情報端末機を握りしめて生きている。思考停止のまま、情報に判断を「お任せ」して日々を生きようと思えば生きられるほど、便利で効率的な情報環境にいるのである。

若者達の行動を見ていると、その思考停止ぶりが加速している。食事に行くときは「お勧めのおいしいレストランはどこか」とネットで検索し、店の情報をチェック。そして、店に着いたら「人気メニューランキング」の順位に従って注文する。

いつも誰かのガイドラインに沿って、すべてを決めている。「皆さん、そうおっしゃってますよ。だから、そのように生きるのがいちばんいいんじゃないですか」という声に疑問もなく従っているのだ。

考えてみれば、なんというパラドックスであろう。人間社会は、近代化というプロセスで考える主体である「個」に目覚め、自分の意思で生きるために戦って、ようやく自由な意思決定を勝ち得たのに、行き着いたところはまったく逆の〝お任せ民主主義〟である。「我思う、故に我在り」の原点に回帰しなければならないと思うほど、現代のわたしたちは自分の頭で考えることを放棄している。

就職を機に、そのことをよく考えてほしい。ネットの情報に振り回され、「人気企業ランキング」の上位企業から順にエントリーシートを送る。そして傾向と対策という表層のスキルだけに気を配る。その愚かさに気づいてほしいのである。

実はこの「就職を機に世界と人生を考える」というトーク番組には、社会的にもよく知られた「成功者」だけでなく、中堅・中小企業を率いて奮闘し、実績を上げつつある人物を何人か登場させたかった。私がこれまでも親交を深め、この人の話こそ若者に聞かせたいという中堅・中小企業の経営者を選び出し、学生達を前にして対談を重ねたが、学生へのインパクトは予想以上に大きかった。

プラスチック加工メーカーの株式会社コバヤシの代表取締役社長小林達夫さんは、一度は商社マンを夢みて丸紅に就職したが、父親の事業を引き継ぐ形でコバヤシの経営に参画。コバヤシといっても知る人は少しかもしれないが、例えば、手を汚さずにしょう油をかけることができるように工夫した納豆の容器をはじめ、リンゴを傷めず運ぶ容器など、流通段階で活躍する容器の高いシェアを誇る会社である。「この手もあったのか」となるような工夫に挑戦しており、印象的だったのはコバヤシの若い社員が大きな仕事を任せられて胸を張って仕事をしている姿である。

小林さんは長い間、私が塾長をしている経営塾のメンバーであり、時代潮流の変化や時代のニーズがどこにあるのかを常に真剣に考えている姿が心に残る人物であるが、彼が率いる現場を見て、改めて、中堅・中小企業こそ経営者の力によって成立していることを再確認した。

また、岩手の農業生産法人で株式会社アークを率いる若き経営者橋本晋栄さんの話もインパクトがあった。畜産・農業という分野の事業を三十五歳という若さで、ビジネスモデルとして成り立つものにしようと立ち向かっているのだ。早朝から深夜まで、働きづめというイメージの畜産・農業を、若者が参画できる合理的な経営の対象とするため、熱い情熱で仕事に向き合っていることが伝わり、多くの学生が質問に手をあげていたのが強く印象に残った。

橋本さんは、大学卒業後、化粧品やサプリメント、健康食品のメーカー、ファンケルに勤めて、創業者の池森賢二氏の「顧客重視の経営」をたたきこまれたという。思いがけぬ父親の死去により、若くして父が創業した畜産・農業の事業を継ぐこととなったが、生産という分野だけでなく、ドイツからソーセージ製造技術を導入して、製造という分野に参入、さらに製造販売から、観光牧場的世界にまで事業のドメインを広げ、付加価値の高い畜産・農業の事業経営を試みるなど、着実にこの分野での地平を拓いている感がある。農業・食料という分野につきまとう固定観念を突き破ろうとする志において、注目すべき若手経営者だと思う。橋本さんと対談して感じたのは、アンテナを高く掲げて、時代の変化をとらえ、決して小成に安んじず、謙虚に学び続けようとする誠実さであった。

ささやかながら、私自身の半生も、自分の頭で考え、物事を実行してきたことの積み重ねだった。与えられた状況のなかで精一杯もがき、多くの人に助けられ、支えられながら、自分というものを創ってきた。

次章では、そんな悪戦苦闘のわが人生を振り返ってみたい。

第三章　わが人生を振り返って

1. 〝モスラ〟との出会い

札幌の青春

前章で、時代を切り拓いたフロントランナーの人生を動かしたのは「使命感の自覚」や「人との出会い」であると書いた。自分自身の半生を振り返ってみても、やはり同じことがいえる。

自分のやりたい仕事だけを選んできたわけではない。降りかかってくる仕事に取り組むなかで「これこそが、自分のやるべき仕事だ」と思えるものを見つけ、恩師や会社の先輩など、たくさんの人たちに助けられながら、今日までたどり着いたのである。

この章では、私自身の体験を話したい。少しでも若い人の参考になれば幸いである。

一九四七年に北海道で生まれた私は、父親の勤め先が大手の石炭会社、明治鉱業だったので、留萌近くの沼田町や釧路の炭鉱で育ち、五五年には福岡県・筑豊に引っ越した。当時、北海道から九州に行くのは、海外に移住するくらいたいへんなことであったが、一年半後には慌ただしく北海道・上芦別に戻る。

そして小学校五年生のとき札幌に移り、ようやくそこに腰を落ち着けた。父親が北海道全体を統括する立場になったためである。はじめて住んだ大きな街だったが、あの頃の札幌はのどかなものであった。私の楽しみは本を読むこと。実存主義だ、デカンショだと、小難しい本を読み漁っては読書家を気取り、札幌市立旭丘高校に通う頃には、とてつもなく頭でっかちな少年になっていた。

教育実習に来た先生に、いろんな難問をぶつけて自己満足していたのだから始末が悪い。「あなたはサルトルをどう評価するか」などと問い詰めると、相手は答えに窮し立ち尽くしてしまう。泣き伏した女の先生もいたが、自分としては意地悪でやっていたわけではない。単に生意気だったのだ。

モスラが語ったシベリア抑留体験

そんな私に大人社会の厳しさを教えてくれたのが、モスラというあだ名の現代国語の先生である（怪獣映画に出てくるモスラに顔が似ていたのだ）。

この人は十三年に及ぶシベリア抑留から日本に帰還したという人物で、生徒を寄せつけない超然とした雰囲気を持っていた。生徒に人気があったわけでも、尊敬されていたわけでもない。口うるさいため、どちらかというと嫌われていたのだが、戦争や抑留を生き抜いてきた者が持つただならぬ存在感と、生徒と本気で対峙する姿勢には、えもいわれぬ迫力があった。

あるとき、その〝モスラ〟に呼び出され、こんな話を聞かされた。その内容に、私は頭をハンマーで殴られたような衝撃を受けた。

「寺島、人間というのはほんとに弱いものだぞ。自分は知性も教養もある人間だと自負していたが、シベリアの収容所に十三年も抑留され、いつ日本に帰れるかわからない状況に置かれると、自分がどんどん矮小な存在になっていくんだ。必死で作業をしても、将来に対する展望は見えない。だから、毎朝の食事でアルマイトの食器に盛られた豆の量がいつもより多かったとか少なかったということで、その日の吉凶を感じるようになる……情けねえなと思いながらもね。

もっと哀しいのは、隣のヤツの豆のほうが多いように見えると、猜疑心と嫉妬心が湧き上がることだ。『あいつはソ連兵に俺たちを売って、自分だけいい思いをしてるんじゃないか』なんて疑って、何の証拠もないのに仲間割れをはじめてみたり。人間なんてそんなもの。たとえ逆さ吊りになっても微動だにしない思想や信念を持つことは、とてつもなくたいへんなことなんだ」

ぼそぼそとした口調でそんな話をすると、先生は旧制高校生が読んでいたような本を、ドカンと机の上に積んだ。「おまえが一生懸命にいろんな本を読んでいるのは知っているが、もっと本気で勉強しなきゃいけないぞ」と。

そのとき〝モスラ〟が貸してくれたのは、阿部次郎『三太郎の日記』や天野貞祐『学生に与ふる書』、河合栄治郎の『学生に与う』など、戦後生まれの高校生がなかなか手を出さなかったような書物ばかりである。

自分の未熟さを悟った私は、このままでは悔しいと必死でそれらを読み、感想文のようなものを先生に届けた。本物のゆるぎない知力を身につけねばならないと謙虚に反省したからである。

そういう覚醒の機会をくれた〝モスラ〟に、私はいまでも感謝している。

中島敦の『李陵』

もうひとつ、つけ加えておきたい話がある。〝モスラ〟について思うとき、私の頭には中島敦の『李陵』が浮かぶ。漢の武帝の時代に、異民族の匈奴《きょうど》と戦って俘虜となった勇将たる李陵について描いたもので、人生の折に触れ、これまでに何度も読み返している。それほど心に響く作品だといえるだろう。

この短編の最後で、俘虜となっても敵に屈することのなかった仲間の蘇武が、十九年間の幽閉生活に耐え抜いて祖国に帰ったことを、敵に降伏し帰化していた李陵が知る場面がある。「見ていないようでいて、やっぱり天は見ている」とつぶやく姿が胸に迫る。どんな苦境にあっても絶対に自分の意思を曲げなかった蘇武。そこにシベリア抑留十三年を耐えた〝モスラ〟が、高校生の自分に伝えようとしていたメッセージを重ねてしまうのだ。

思えば、中島敦をはじめて知ったのも高校生のときであった。教科書に載っていた『山月記』に鮮烈な印象を受け、『李陵』をはじめとする他の中島作品も読むようになったのである。

何故、『李陵』という作品は心に残るのであろうか。「組織の中でいかに生きるか」に思い悩む人間ならば、短編ながら張りつめたメッセージを読者は感じとるはずである。勇猛果敢に戦い、万策つきて俘虜となった李陵を誹謗する群臣の中で唯一人堂々と弁護して武帝の不興をかい、「宮刑」という男を男でなくす刑罰に耐えながら十年以上をかけ大作『史記』の執筆に向かう司馬遷、そして李陵とは対照的に俘虜になっても決して屈することなく十九年もの幽閉と闘う蘇武、それぞれの男の生き方が心に重くのしかかるのである。

人間の宿命を肯定的に描ききる冷静さと、人間の志とか意思を希求する熱気を併せもつ中島の筆は、とても三十三歳で夭逝した作家とは思えない力を感じさせる。与えられた条件の中で思うにまかせぬ人生に向き合う時、悲しくとも美しい光を確かに中島は指し示しているように感じられるのである。

愛読書などという表現は気はずかしいが、私は横浜高等女学校の教諭だったという中島が、喘息の転地療養のために休職し、南洋諸島（現ミクロネシア）のパラオに赴任した時の作品を含め、この作者の足跡を追いかけてきた。

また李陵は中国史の中で重い史実であり、漢民族にとっての周辺の異民族との戦いの歴史の断章であり、中国の歴史には今日に至るまで、「民族の対立と協調」という要素が絡みつき、様々な形での李陵が存在したことにその後、私は少しずつ理解を深めていったのである。

本を贈ってくれた鹿島守之助さん

ほぼ同じ頃、もう一人の恩人にも出会っている。

高校一年生のとき、ヨーロッパ統合の父と呼ばれるリヒャルト・クーデンホーフ＝カレルギーの著作『パン・ヨーロッパ』に興味を持った私は、この本を翻訳・出版していた鹿島出版会の鹿島守之助さん（当時の鹿島建設会長）に手紙を書き、「本を読みたいのですが高額で買えません。お古でもいいので送ってください」と頼んだ。

いまにして思うと、かなり厚かましいお願いである。だが驚いたことに、数週間後、我が家に何冊もの本が入った箱が届いた。北海道の高校生の不躾な手紙に、鹿島さんはきちんと対応してくださった。そのご配慮にほんとうに頭が下がる。

この『パン・ヨーロッパ』を読んだことで、欧州統合に対する興味と理解が深まった。欧州が今後どうなるのかについて、いまも単なる関心を超えて、共感や共鳴のようなものを感じるが、そのきっかけとなったのは、高校一年のときのクーデンホーフ＝カレルギーの本との出会いであった。

余談だが、欧州統合の思想的推進者であるクーデンホーフ＝カレルギーの母親は日本人であったことも感慨深い。オーストリア＝ハンガリー二重帝国時代の外交官が明治期の日本に来て、青山光子という女性を見初めて結婚。その二人の次男として東京で生まれたのが、クーデンホーフ＝カレルギーなのだ。

その後、私が大学に進学した一九六七年にＥＵ（欧州連合）の原形であるＥＣ（欧州共同体）が実現し、九三年にＥＵとなって、現在の二十七カ国体制に進展した。

そのプロセスをリアルタイムで目撃しながら、つねにクーデンホーフ＝カレルギーの存在や、鹿島さんのことを思い返した。人生のいろんな場面で、こうした先達たちの厚情を受けてきたことを、いまさらながら実感するのである。

書くことに目覚めた修学旅行記

〝モスラ〟との対話のあと、私はこれまで以上に真摯に書物に向き合い、その内容について深く考えるようになった。

次に取り組んだのは、読んだこと、感じたことがにじみ出るような文章を書き、それを人に読んでもらうことである。

そのひとつが、一九六四年、高校一年生の春に書いた修学旅行記「黒と白の旅行」だ。北海道から夜行列車に乗って、十二泊十三日で東京、奈良、京都を巡った旅の記録を、ノート二冊に日記風に綴ったものである。「寺島実之助」というペンネームをつけるなど、最初から人に読ませることを想定して書いている。団塊の世代の若き日の心象風景の記録としてもおもしろいのではないかと、いまでも大事に保存している。ちょうど東京オリンピックの開かれた年で、旅行では、数カ月後にオリンピックが開かれる会場も見学している。興味深いのは、のちにその近くに自分が住むことになる駒沢公園も訪れていること。そこに不思議な縁を感じる。

それにしても、ちょっと変わったタイトルである。どういう意図でつけられたのか、疑問に思う人もいるだろう。これについては旅行記の「はじめに」に書いているので、気恥ずかしいが、少し引用してみよう。

白と黒がまざると灰色になる。

だが、それ自体は純である。

それは単に、旅行十二日間のぼくらのワイシャツとズボンの白・黒かもしれない。

あるいは女の子、男の子の白・黒かもしれない。

だが、なにはともあれ、純粋な若いまなこで、十二日間、祖国の歴史的神社、仏、寺院等をみつめ、又、先生、友人と寝起きを共にした経験は、かえがたいものであることは確かである。

つまり、白と黒の気持ちで十二日間すごしてきたのである。


旅行中は毎日、自分の家に絵葉書を送っていた。それも原物を旅行記に貼りつけてあるのだが、笑ってしまうのは、なぜか必ず短歌を詠んでいることだ。「雪解けの　函館港にわれ立ちて　春来る道の　力をぞ知る」という調子である。祖父が北海道の新聞で俳句の選定もするほどの俳句詠みだったので、その影響を受けたのであろうが、少年としては変わっているとと認めざるを得ない。

二冊目のノートの最後には、これを読んでくれた先生や友だちが感想文を書いてくれている。重要なのは、この一連の体験を通して「自分の書いた文章で、人の心をつかまえたり、人の気持ちを動かしたりする。そういうことに自分が向いているのではないか」と思うようになったことだ。未熟ではあっても、自分とはいかなる人間か、自分の特性とは何かを意識しはじめたのである。
そのことが、早稲田大学に入ってから「早稲田ウィークリー」という新聞の発行に参画したり、メディアやジャーナリズムへの関心を深めることにつながっていく。

2. 広告代理店での就業体験と大学紛争

アルバイトで得たヒント

大学時代には、貴重な就業体験の機会も得た。博報堂のセールスプロモーションのチームにアルバイトとして雇われ、何年にもわたって社員さながらの仕事をさせてもらったのだ。

きっかけは、博報堂に知人がいる大学の先輩に「アルバイトしてみないか」と声をかけてもらったことである。ちょうどテレビ文化が花開き、テレビコマーシャルが注目されはじめた時期である。有名な「鬼十則」を遺した電通の四代目社長、「広告の鬼」こと吉田秀雄の評伝を読み、広告代理店のビジネスに興味を持っていたことも背中を押した。吉田社長は、その数年前に五十九歳で亡くなっていたが、広告業界というものを肌で感じてみたいと思ったのである。

最初は下働きだったが、二年目からはイベントの企画から運営までを任された。もちろん学生アルバイトが自分ひとりですべてをやったわけではないが、チームの中核として働いていたことはまちがいない。

企画・運営を任されたイベントのひとつが、新宿伊勢丹の屋上で開いた「夏休み子どもフェスティバル伊勢丹」である。伊勢丹の屋上に、昆虫を放し飼いにした巨大ケージをつくって、そこで子どもたちに昆虫採集をしてもらうという趣向だった。

多摩丘陵で蝶々やカブトムシなどを大量に集めてくるところからはじまって、小動物や爬虫類などを見せる展示コーナーをつくったり、当日は子どもに配る風船を膨らませたり……。

「いまや東京の子どもは、百貨店の屋上で昆虫採集をする。ひどい時代が来た」と新聞に酷評されるというオマケもついたが、フェスティバル自体はたいへんな盛り上がりで大成功した。自分としてもかなり本気で取り組んだし、やりがいも感じた。

そのほか博報堂のアルバイトでは、渋谷の東急百貨店本店がオープンしたとき、屋上で開かれた「由美かおるショー」の司会を務めたり、人手が足りず、急遽、着ぐるみに入って子どもたちの相手をしたりと、さまざまな仕事を経験した。

現在の私からは想像もつかないような仕事もあったが、恥をかき、汗をかきながら学んだことは大きい。いま思えば、あの体験は時間を切り売りして時給を稼ぐ単なるアルバイトではなく、学生が対価を得ながら就業体験をする「ワークプレイスメント」であったといえる。

自分の頭を使って企画をして、プロジェクトを最後までやり遂げる――社会参加の原点となる体験を通じて、「働くとは何か」について自分なりのイメージをつかみ、仕事や人生を考えるうえで貴重なヒントをもらったのだ。

私が大学生だった一九六〇年代後半は、ちょうど日本の広告代理店業界が熱気を帯びて光り輝いていた頃だった。当時の代理店の社員たちは、二十四時間働いているのではないかと思うほどの忙しさであった。

日本人の味覚では「薬臭くて飲めない」といわれていたコーラを、「スカッとさわやかコカ・コーラ」というキャッチコピーで大々的に売り出し、「コカ・コーラはかっこいいもの」として一気に定着させたのを目の当たりにして、広告の力を思い知らされた。

バイトの私も、広告業界を取り巻く異様な熱と勢いのなかで、経済のダイナミズムを肌で感じることができた。それがのちの進路選択にも影響する。

全共闘運動との対峙

特筆すべきは、このアルバイトと並行して、大学では全共闘運動と向き合っていたことである。当時、早稲田大学政経学部のキャンパスは大学紛争の真っ最中だった。民青や革マル派など、左翼のセクトが入り乱れてしのぎを削るなか、一般学生を束ねて「学生連合」という組織をつくり、左翼学生からは「右翼秩序派」などと呼ばれていた。

振り返ってみると、大学生活の大部分は、全共闘運動と向き合うことと博報堂での「ワークプレイスメント」で占められていた。あるときは、学生連合の責任者として、角材を手に前列を埋め尽くした全共闘の連中のヤジと怒号を浴びながら演説し、またあるときは、デパートの屋上で着ぐるみをかぶり子どもに手を振る。とても同一人物の行動とは思えないが、それが事実だった。

もっとも、キャンパスが荒れて一年間封鎖され、大学に入れない状況が続いていたから、アルバイトに精を出していたのかもしれない。そのあたりの事情は、いまとなってはよく思い出せない。

バリケードを張って大学を封鎖する全共闘に対して、私たちは「『教授たちは引っ込め！』とバリケードを張るのではなく、むしろ『価値ある教育を本気でしているのか』と問い質して、先生を引きずり出してくるべきだ」と、逆のことを主張していた。「ストを解除して、いまこそ勉強しなきゃいけないんだ」と。

だが、学生大会を何回も重ねるうちに、不思議なことに私の演説にやがて全共闘が一斉に拍手してくれるようになった。社青同や民青といった組織は、社会党や共産党などの大人たちにコントロールされていたのに対し、全共闘は「学生の学生による運動」であったため、共鳴するものが生まれたのではないだろうか。

大学当局が機動隊を投入し、なし崩し的に大学が〝正常化〟に向かうと、周囲にいた四年生たちは蜘蛛の子を散らすように消えて、就職していった。当時私は三年生だったが、最後の徹底討論会、当時の言葉でいう「ティーチイン」には、わずか六人しか集まらなかった。一時は千人以上を相手にしていたのに、あの熱気は何だったのか、みんなにとって大学の変革なんて結局はどうでもよかったんだ、と虚しくなったことを、いまでもよく覚えている。

学生運動が世の中を動かしているという幻想はくだけ散り、結論もないままに私の〝政治の季節〟は終わった。そして「このままでは情けない。社会に出る前に、少しは納得のいく勉強をしなければ……」と考え、大学院への進学を決めたのである。

就職を前にして

大学院時代には、文部省（当時）の統計数理研究所で社会意識調査を手伝った。青森県六ヶ所村や水島コンビナートを抱える岡山の倉敷で、地元住民の声を集めてまわった。現在の私が文献研究だけでなく現場でのフィールドワークを重視するのは、この頃の体験に端を発するのではないだろうか。

卒業後の進路については、三つの選択肢があった。大学院に残って大学で教授を目指すというアカデミズムの世界、かねてより関心のあったメディアやジャーナリズムの世界、そして、博報堂での体験やフィールドワークの延長として、産業の現場に身を置いて働くことである。

メディア、とりわけテレビには興味を持っていたので、テレビ局に就職することも本気で考えたが、当時、三井物産の調査部にいた先輩に「総合商社はおもしろいぞ、日本の経済や産業の縮図のようなところだぞ」と誘われたことが決め手となった。三年ぐらい産業の現場で仕事をして、世の中のほんとうのことを勉強してから大学へ戻ろうと考えたのだ。

読者のなかには、「なぜ、学生時代にアルバイトをしていた広告業界を就職先に選ばなかったのか」と疑問に思う人もいるかもしれない。正直に告白すれば、現場で社員同様に働くうちに、「CMがウケればいい」「広告した商品が売れればいい」という価値観に、次第に違和感を覚えるようになったのだ。博報堂との縁は今でも続いているし、博報堂大学(社内人材育成システム)の塾長などを引き受けたこともあって、この業界の深さを後に知ることになるが、あの時点では、ギリギリの判断だった。大いに関心のある分野ではあったが、「広告やイベントを自分の生業とするのはやめよう」と考えて、商社を選んだのだ。

そこで商社を受けることにしたのだが、じつは当時の三井物産では、理科系の大学院卒業生は採用しても、文系からは採っていないことがわかった。一旦はあきらめようとしたが、人事部長に呼びとめられ、例外的な扱いで入社試験を受けることを許された。そして七三年、初の文科系大学院卒の社員として三井物産に入社したのである。

3. 商社マンとして、マージナルマンとして

三井物産に入る

自ら希望したこともあり、入社後は調査部に配属された。だが、三井物産という会社に帰属しても、組織にどっぷり浸かった生き方はしたくなかった。卒業時に迷った三つの選択肢、アカデミズム、メディア、産業界への関心は、四十年を経た今日に至るまで、消え去ることなく自分のなかで生き続けている。ここへのこだわりが私の本質なのかもしれない。

だからこそ、メディアや産官学の境界に立ち、そのシナジー（相乗効果）を活かして活動する「マージナルマン（境界人）」であることにこだわった。

現在も、三井物産戦略研究所会長として産業界との縁を持ちながら、日本総合研究所という財団法人型シンクタンクの理事長として官の公共政策に携わり、多摩大学学長としてアカデミズムにも関わっている。さらに故あってメディアでも発言する機会が多い。まさに産官学とメディアのシナジーのなかで仕事をしている。

マージナルとは「どっちつかず」や「境界を彷徨う」という意味ではない。腰掛け気分で働くわけではなく、まず自分が属する組織社会にきちっと貢献して評価される。それが大前提でありながら、自分の帰属組織を客観的に見る目を持ち、いわゆる「社畜」にはならない。

もちろん、帰属している組織の抱える課題には全力で取り組み、会社の上司、仲間からもはっきりと貢献が評価される存在になろうという気持ちだった。だが、入社当時から会社のなかに埋没して、緊張感や会社との距離感を見失っていくことだけは避けたいと、本気で思っていた。

それは、大学生として〝政治の季節〟を体験した者の本音だったのかもしれない。会社のことを「うちの会社」と呼び、負け犬サラリーマンのような繰り言に終始する。そんな社会人にはなるまいぞ、という気持が強く潜在していた。

出すぎる杭は打たれない

会社以外の別の世界にもう一方の足をしっかりと踏み込んで、社会にネットワークを持つ。こうしたマージナルマンとしての活動のきっかけとなったのが、入社三年目の一九七五年から七六年に、日本経済研究センターの研究プロジェクトに参加したことである。
テーマは「二〇〇〇年のエネルギー需要供給分析のフレームワーク研究」。大学の研究者やシンクタンクの研究員など、それぞれの現場で格闘している優秀な先輩たちに交じり、殺気立った空気のなかで知力をぶつけ合い、ひとつの研究に収斂させていく体験は、じつに得難いものであった。

また、この頃から、『東洋経済』で書評を書かないか」と話が来たり、朝日新聞の「経済気象台」にペンネームでの寄稿を頼まれるようになった。朝日新聞には「獅子」というペンネームで十年以上コラムを書いたが、いま思えば、それが文章をまとめることの訓練になったのである。

だが、物書きとして大きなチャンスをくれたのは、何といっても、『中央公論』の編集長だった粕谷一希さんであろう。

三井物産の誰かから「おもしろい新人が入ってきてね……」と紹介されたらしく、私が社内の報告書に書いた英国に関する論文や、日本経済研究センターの報告書を読んで、『中央公論』に書いてみないか」と声をかけてくれたのだ。それがきっかけで『中央公論』一九七六年五月号に、見開き二ページのコラム「『英国病』の症状とは？」を書かせてもらった。

一九八〇年五月号の『中央公論』で「われら戦後世代の『坂の上の雲』」という論文を発表してからは、ありがたいことにさまざまな出版社から「本を出しませんか」と話が来るようになった。

こうした社外活動は、もちろん会社公認であった。三井物産のユニークな点は「出すぎる杭は打たれない」ということだ。「出る杭は打たれる」かもしれないが、私の場合、経営幹部から同僚まで配慮し、力づけてくれる環境があったことは事実だ。

たとえば、新入社員のときから「自分は自分だ」という風情で態度が大きく、夜九時以降の〝夜のつき合い〟にも参加したことがない。そんな商社マンは、めったにいないだろう。「あなたたちとは酒なんか飲まない」と言っているようなものだから、同僚や先輩は最初は「イヤな野郎だ」と思っていたかもしれない。

だが、社外での活動などを通じて私の存在と問題意識が認識されるにつれて、共感し、支援してくれる人が増えた。会食の途中であっても、「もうすぐ九時だから、そろそろ帰ったほうがいいよ」と周囲が気を遣ってくれるようになったのだ。

自己顕示や小遣い稼ぎのためではなく、時代への問題意識という「やむにやまれぬ思い」から発信していたことを、周囲の人たちが理解してくれたのだろう。おかげで、不愉快な思いをしたことは一度もない。

虚偽、虚栄、偽善、欺瞞を生きる人々がたむろするといわれる商社にあって、いまだに多くの先輩たちと縁があるのも、考えてみれば不思議である。現在の私の活動は、こうした人たちに支えられている。

ただし、会社は福祉団体ではない。厳しい競争社会であり、常に経営の成果を探求する組織である。気ままな自己主張が許される組織ではない。私も常に「折り合い」という言葉を心に置いていた。これから語るごとく、三井物産が直面する経営課題に死を覚悟する思いで巻き込まれ、必死に戦う渦巻の中に引きこまれていった。

運命の出会い

先輩といえば、この人のことも忘れるわけにはいかない。私が入社した頃、隣の経営企画部にいた大原寛さんである。

先ほどもふれたように、入社直後の私は「三年ほど三井物産にいて、それから大学へ戻って先生になろう」などと考えていた。そんな気構えだったせいか、入社直後は会社という組織社会になじめず、日々失望することの連続であった。

ときは商社黄金時代。「好きなだけ使え」と、タクシーチケットの束が新入社員にも気前よく配られる。「こんな世界にいたら、堕落するに決まっている」。職場に違和感を覚えた私は、毎朝、社屋近くの日比谷公園のベンチに座り、「もう辞めよう」「大学へ戻ろう」と思い悩んでいた。

入社二カ月後くらいであろうか、ついに決意して辞表を出したタイミングで、大原さんがハーバード大学ビジネススクールの留学から帰ってきた。私の噂を聞きつけて、「辞表を出した？　なに生意気なこと言ってんだ！」「入ってきて数カ月のヤツが偉そうなこと言うんじゃない」と怒鳴った。「それなら俺の仕事を手伝え」ということで、調査部に籍を置きながら経営企画の仕事も手伝うことになった。

ところが人生とは予想もつかないもので、その直後に第一次石油危機（一九七三年）が起こった。世界情勢や経済構造変化の分析が重要になり、経営幹部のための資料づくりをする退屈で地味な部署だった調査部が、重大な任務を担うようになった。環境ががらりと変わり、下っ端の私も少しずつ手応えのある仕事ができるようになっていった。

大原さんは、社内では「伝説の男」として知られる個性的なオヤジである。この人に経営企画の仕事に引きずり込まれたことは、おもしろかった、というよりも、たいへんだった、というのが本音である。だが、この人がいなければ、私は会社を辞めていたにちがいない。そういう意味では、人生を動かした「運命の出会い」であったといえる。

のちに私は、経営の方向性を決める「中期経営計画」や「長期基本戦略」「長期業態ビジョン」の策定にも、あるべき総合商社論を踏み固めながら、中核メンバーとして携わった。「物書きもやる、ちょっと変わった社員」として調査部の片隅でくすぶっていたわけではなく、最終的には三井物産の情報部門を率いる役員として会社の経営戦略に関わることになったのだ。

三井物産、百三十年の歴史のなかでも、こういう経歴を持つ社員はほかにいないはずである。人生とは、ほんとうにわからないものである。

4. 中東で確認した「自分のなすべきこと」

とんでもない仕事

私にとって最初の海外長期出張は、入社して二年後の一九七五年に行ったロンドンである。欧州統合に向けた動きをにらみ、欧州三井物産設立を準備するタスクフォースのメンバーとして、四カ月ほど一人でロンドンに滞在したのである。

入社三年目の私になぜ白羽の矢が立ったのか、その経緯はよくわからない。だが、自分なりに懸命にロンドンを動き回り、帰国後は三カ月で『英国に関する考察』（七六年一月発行）という小冊子を書き上げた。

「英国病」という言葉が聞かれはじめ、経済社会が成熟段階に入るとどのような事態が生じるのかが興味の対象だった。M・シャンクスの『ゆきづまった社会』やA・サンプソンの『英国の解剖』などの本が大きな示唆を与えてくれた。

この論考や先述の日本経済研究センターの「二〇〇〇年のエネルギー研究」の報告書などを通じて、少しずつ私の存在が社内で知られるようになった。その影響だろうか、八〇年にはとんでもない仕事が降ってきたのである。

当時、三井物産はイラク・イランの国境線上の砂漠に巨大な石油化学コンビナートをつくるという壮大なプロジェクトを進めていた。「ＩＪＰＣ（イラン・ジャパン石油化学）」と呼ばれたこのプロジェクトでは、ピーク時には日本から三千五百人もの建設労務者を送り込み、さらに三千五百人のイラン、パキスタン人を雇って、建設を行っていた。

ところが、七九年にはイラン革命（ホメイニ革命）が、続いてテヘランのアメリカ大使館人質事件が起こる。翌年にはイラン・イラク戦争も勃発し、ＩＪＰＣの建設現場がイラク空軍機による爆撃の標的になってしまった。

言うまでもなく、プロジェクトは暗礁に乗り上げ、会社は対応に頭を抱えた。というのも、三井物産にしてみれば、ホメイニ革命は青天の霹靂であったからだ。

革命の直前まで、「パーレビ国王はイランの明治大帝だ！」などと持ち上げていたのに、当の国王は、革命によってあっけなく国外追放されてしまった。寄る辺を失って会社は混乱状態。「ＩＪＰＣのプロジェクトはどうなるんだ」と右往左往するも、とにかく情報がない。

そのとき、大使館人質事件の解決のために、アメリカの国務省が「人質救出作戦のタスクフォース」をつくったと知り、ＩＪＰＣ担当役員が私を呼んだ。「五人のイラン問題専門家がチームを束ねているらしい。その五人に会って話を聞いてこい」というのである。

当時の私は三十三歳、新入社員に毛が生えた程度の若造である。なぜ私なのか、まったくわけがわからなかったが、命じられてしまったのだから仕方がない。会社としても特別な何かを期待していたわけではなく、まさに藁をもつかむ気持ちだったのだろう。

アメリカで受けた衝撃

イランの情勢もよく知らないまま、必死に文献を読み込みながら私はアメリカへ旅立った。西海岸の南カリフォルニア大学から、東海岸のハーバード大学まで、五人の専門家を訪ねてアメリカ大陸をまわったが、そのとき三井物産のロサンゼルス支店長だったのが入社直後の私の辞表をどなりつけたあの大原寛さんである。そこで南カリフォルニア大学を訪ねた際は、彼がいろいろと便宜を図ってくれた。

当時はまだテヘランの米大使館が占拠されており、アメリカ政府は人質救出のために全力をあげている最中であった。

話は少々それるが、二〇一三年のアカデミー賞で作品賞を受賞した映画『アルゴ』は、この人質救出作戦の実話に基づいている。この映画を観た人は当時の緊迫した空気をイメージしやすいかもしれない。ともかく、そんな差し迫った状況にあるアメリカにイランの専門家を訪ね、半ばバカにされながら面談を重ねていった。

まずわかったことは、五人のうち三人がユダヤ人だったことである。彼らはイスラエルの諜報機関モサドの情報などを通じて、イラン革命が起こることを早くから予見していた。

「我々はとっくにわかっていたよ」。そう言って見せてくれたレポートに、私は衝撃を受けた。社運を賭けた大プロジェクトを打っておきながら、会社は、こうしたユダヤ筋の情報を集めていなかった。だからイラン革命が起こる危険性をまったく予測できなかったのである。

帰国した私は、さっそくかの役員に報告書を提出した。

「中東は民族や宗教が複雑に入り乱れている地域である。そこでプロジェクトを進めるなら、アラブ筋の情報だけではなく、ユダヤ筋、イスラエル筋の情報もバランスよく確保すべきである」

若気の至りで、そんな生意気な報告書を書いたのである。

すると、またその役員に呼び出され、こう言われた。

「なるほど、確かに君の言う通りだ。寺島君、それなら君にお願いするよ。さっそくイスラエルへ行ってきてくれ」

予測もしなかった展開である。人生は思うに任せぬものだ。イスラエルに行きたかったわけでも、関心があったわけでもないが、これがきっかけで、以後、私は中東に深く関わることになるのだ。

単身イスラエルに乗り込む

狙いすまして、自分で決断して踏み込んだ道ではない。喩えていうなら、日本が戦争に突入した時代の若者たちが、否応なくその事実を受けとめて、粛々と戦場に立たねばならなかったのと同じようなものであろうか。

そんなわけでイスラエルに行くことになったが、どこで何をしたらいいのかもわからない。いろいろ調べた結果、テルアビブ大学のシロア研究所（現・ダヤン研究所）というシンクタンクにイラン問題の専門家が集まっていることを知った。じゃあ、そこに行ってみようと、連絡を取り、一人で乗りこんでいった。

誰かの紹介があったわけではない。まさに「当たって砕けろ」である。先方は「まあ、いいじゃないの」という感じで受け入れてはくれたが、歓迎されたわけではない。日本人だから、むしろ嫌がられていたといえるだろう。

というのも、一九七三年の石油危機のあと、日本は石油欲しさに、イスラエルを切り捨てて「アラブ友好国宣言」をしていたからだ。そして、アラブ諸国のイスラエルに対するボイコットに協力していた。

そんなわけで、七三年以降は、三井物産だけでなく、どの商社もイスラエルに拠点を持っていなかった。商社では、世界中どこに出張しても、空港に迎えの人が来てくれるのがあたりまえだが、当時のイスラエルでは、迎えもなければ案内してくれる人もいない。日本人といえば、秋葉原のダイヤモンド関係の商売人や、宗教的情熱からキブツに入れあげた人たちがいるだけで、ビジネスマンはほとんど見かけなかった。

日本人がいないという状況は衝撃的であったが、新鮮でもあった。つらかったのは、七二年の日本赤軍によるテルアビブ空港乱射事件や、七三年以降の日本のイスラエル切り捨て政策の影響で、日本人である私に人々が冷たい視線を向けてきたことである。

言葉も心も伝わらない世界にぽつんと置かれ、「日本人というのはそういうヤツだ」と決めつけられる。「自分はちがうんだ！」「俺には関係ない」と、いくらもがいてみても、彼らが持つ偏見が簡単に消えるわけではない。国際社会を動いていると、自分の意思とは全く関係のないことで、単に日本人というだけで冷たい対応に出くわすことがある。我々自身もそうした偏見をどこかに内包しているともいえる。

おそらく、あらゆる意味で必死だったのだろう。異国でのサバイバルはもちろん、しっかりとした情報を持ち帰らねば、という責任感もあった。その必死さが伝わったのだろうか。毎日のようにしつこく通っているうちに、シロア研究所のほうでも「少しは根性のあるヤツだ」と思ってくれたようだ。

イスラエル流情報分析

おかげでイラン問題の専門家であるD・メナーシリ博士と親しくなることができた。それがきっかけで、シロア研究所内にあるホメイニ師に関するタスクフォースの傍聴を許された。

驚いたのは、そのタスクフォースに、政治、軍事の専門家だけでなく、医者や精神分析医、言語学者なども参加していたことである。たとえば言語学者は、ホメイニ師が過去に書いた四冊の本を分析し、「こういうロジックを組み立てる人は、こういう状況でこんな判断をする」と解説する。また、医師たちは病歴を調べて、「過去にこういう病気をしたり、こういう病気を抱える人は、こんな言動をする傾向がある」などと分析する。

さらに感心したのは、過去一週間に食べたものまで調べ上げていたことである。その情報によると、ホメイニ師は毎日、ウリとヨーグルトばかり食べていた。「人間は、ウリとヨーグルトだけで八十ぐらいまで生きられるんだ」と不思議に思ったことを、いまもはっきりと覚えている。

そうやってイスラエルの将来に大きな影響を与える人物を多面的に解析するアプローチに、大いに目を開かされた。彼らにとって、情報とは、生き抜くために必要不可欠なものだと思い知らされたのだ。

この経験が私自身の仕事の方向性にも影響を与えた。そして「問題解決のために情報を集める」ことを強く意識するようになった。

イスラエル滞在中は、「ゴルゴタの丘」（キリスト教）や「嘆きの壁」（ユダヤ教）、「岩のドーム」（イスラム教）といった中東一神教の三つの聖地にも、何度か足を運んだ。キリストが磔《はりつけ》になったとされる場所に建つ「聖墳墓教会」を歩きながら「宗教とは何だろう」と考えこむ――そういうことが思いのほか勉強になった。自分でジープを運転して死海のほとりを北上したり、ゴラン高原に行ったこともある。そこで買ってきたヨルダン川の「聖水」なるものは、いまでも大事に持っている。

イスラエル北部のカエサリアに「中東一」といわれるゴルフ場があると聞き、休みの日に出かけて行ったこともあった。ゴルフ場を利用していたのは、付近に駐留する国連軍の関係者だけである。独りプレーをする東洋人を見て、彼らも「あれは誰だ」「変わったヤツだ」と奇異に思ったにちがいない。当時は大変だったが、今にして思えば、常にひとりぼっちだったことが非常によかった。同僚がいれば、酒を酌み交わし孤独をごまかしていただろうが、自分と向き合い、思索を深めていくことができた。

緊迫のレバノン侵攻作戦

平和な日本では考えられないような体験もした。宿泊していたテルアビブのヒルトンホテルでは、夜になると海側の部屋は電気を消すことになっていた。ゲリラなどに海から攻撃される可能性があるからだ。そんな話を聞かされると、とても熟睡などできない。

イスラエル軍によるレバノン侵攻作戦が行われたときは、「イスラエルが北進するとソ連が参戦する。ひょっとしたら原爆を落とすかもしれない」などと噂話が飛び、背筋が寒くなった。「日本人は早く退去するように」と言われてイスラエルを出国したが、三カ月後に戻ってくると、親しくしていたある日本人がいない。人に聞いた話では、心身を病んで日本に送還されたという。じつは彼は、日本政府（内閣情報調査室）が中東に送り込んでいた諜報関係の人だったのだ。

使命感に駆られた彼は、レバノンに向かうイスラエル軍の重戦車の数をカウントしていたのだが、ある時点で恐怖心が芽生えてパカーンと心が壊れてしまったらしい。土ぼこりを上げて轟々と走る戦車を至近距離で目にするうちに、緊張と恐怖心が限界に達したのだろう。道端で失禁して、茫然自失の体《てい》で座りこみ、その後は重度のノイローゼになってしまったという。

戦後生まれの我々は暴力的不条理を知らないし、そういうことにたいそう弱い。もし私が同じ場にいたら、どうなっていただろう。彼と同じような状態になっていても不思議ではない。イスラエルでの体験は、いろんな意味で強烈なものを私に残した。

ワシントンのブルッキングス研究所へ

一九八〇年から八三年にかけて、イスラエルだけでなく、キプロス、エジプト、バーレーン、イギリスなど、あちこちを動きまわって専門家に話を聞き、情報を集めた。そうやっているうちに、「この国に、日本という国はどう受けとめられているのか」「あの民族には、日本人はどう見えているのか」ということが、少しずつわかってきた。

この仕事が一段落ついたあと、「そこまで中東をやったんだから、アメリカのブルッキングス研究所に行って、本気で勉強してこい」と言われ、八三年から八四年にかけて、ワシントンDCにあるブルッキングス研究所の中東班に出向した。区切りというか、けじめのような意味で、役員が送り出してくれたのだ。

ブルッキングス研究所に行った日本人は少なくないが、ほとんどの人はエコノミストである。中東班に入ったのは、おそらくわたしだけではないか。ありがたいことに、この中東班で私はたいそう優遇された。三井は七九年の革命後もイランに拠点を持っていたため、イランに関する情報はダイレクトに入ってくる。それがアメリカにとっても貴重だったのだ。

ブルッキングス研究所では、アメリカの対中東戦略を分析した。そのなかでわかってきたのが、シロア研究所でのアプローチのように、立体的、多角的に、物事を捉えることの重要性である。

論文が書けなくなった七年間

こうして海外で知見を深めるうちに、大真面目に考えこんでしまった。これまで自分が見てきたものはいったい何だったのか、国際社会というものをわかったつもりでいたが、まったくわかってなかったことに気づかされたからだ。

その結果、一九八〇年以降は七年間、論文をまったく書けなくなってしまった。さまざまな執筆依頼はもらっていたが、世界がわかればわかるほど自分が半知半解だったことに気がつき、失語症のようになってしまったのだ。

そこから先も、私は大きな時代の波にのみこまれていく。八七年に情報企画担当課長としてニューヨークに赴任し、四年後の九一年にはワシントンに異動。九七年まで、ワシントン事務所長を務めた。ちょうどそのときに湾岸戦争が起こった。

中東の専門家やアメリカの専門家はいても、私のように中東とアメリカの両方に土地勘があり、アメリカの中東戦略について深く語れる人はあまりいない。そこでテレビの報道番組や新聞から「解説してほしい」と声がかかるようになった。

さらに、帰国後の二〇〇一年に九・一一の同時多発テロ事件が起き、メディアで発言を求められる機会がますます増えていった。

八七年以降は〝失語症状態〟も脱し、活字メディアにも次々に論文を発表するようになった。ウィークデーの夜は、自宅とは別に借りていた小さな部屋で、本に埋もれて執筆に集中した。九一年には、初の単行本『地球儀を手に考えるアメリカ』(東洋経済新報社)を出版した。

知的三角測量を教えてくれた外交官

その頃に出会ったＥＵのワシントン駐在大使、ファン・アフト氏には、国際社会で仕事をするうえで大きな示唆をもらった。

ファン・アフト氏はオランダの首相も務めた人物で、一九八〇年代後半にはＥＣ（当時）代表部の駐日大使として東京で暮らした経験もある。確かな見識と世界観を備えた、真の国際人といえるだろう。

知り合ったのは八七、八年頃であったが、ワシントンに赴任したときに、同じくワシントン駐在だった彼と再会した。以後、親交を深め、私が主催する要人を招いたパーティにもよく来てくれた。いまも、欧州に行くと時間があれば会いに行き、彼が来日すれば訪ねる間柄である。

非常に洒脱な人で、冗談ばかり言っているように見えるのだが、それでいて深い知性を感じさせる。首都ワシントンに移り、「よし、アメリカに踏みこんでやるぞ！」と張り切っていた私を、たびたび「まあまあ、お若いの、そう興奮しなさんな」といった調子で軽くいなした。冷や水を浴びせられてシュンとなったこともあったが、彼からは非常に多くの気づきと学びをもらった。

アメリカを理解するにも、アジアから見たアメリカ、中東から見たアメリカ、欧州から見たアメリカと、多角的に捉える必要がある。ワシントンで人脈をつくるだけでは不十分だと教えられたのだ。

実際に欧州に行き、欧州の人々の視点から「新大陸としてのアメリカ」を眺めると、まったくちがうアメリカが見えてくる。

たとえば、ニューヨークの最初の名前は「ニュー・アムステルダム」であったという歴史的事実を掘り下げるだけで、アメリカ合衆国は、イギリスではなく、むしろ連邦共和国だった「十七世紀のオランダのＤＮＡを受け継いだ国」だということが見えてくる。

イギリスとアメリカ、オランダとアメリカ、日本とアメリカといった二国間関係だけでアメリカという国を理解したつもりになってはいけない。まなじりを決して、ある一点だけを見つめるのではなく、さまざまな角度から相対的にアメリカという国を捉えなければ、真の理解には至らないのだ。

このアプローチを私は「知的三角測量」と呼んでいるが、こうしたものの見方、考え方をするきっかけを与えてくれたのがファン・アフト氏なのである。

私の使命感

このように、さまざまな出会いや出来事を経て、いまの私が存在している。

大学院を卒業して商社に入ったときは、自分が中東を駆けまわることになるとは思いもよらなかった。だが、自分では抗えない、宿命ともいえるものによって、このテーマと向き合うことになった。そして覚悟を決めて全力でそれに挑むうちに、自分のやるべきことが徐々に見えてきた。

「自分探し」と称して、自分の適性や天職を探しまわることに意味はない。与えられた仕事に挑戦することで「自分というもの」が見えてくるのだ。それは私自身の経験でも明らかであろう。

前章で、時代のフロントランナーとなった人たちが、ある時点で自分の使命感に目覚めたことに言及したが、さて、私の場合はどうであったか。

世界で体を張って仕事に取り組む仲間たちのために、問題を解決しなければならない。そんな思いが、自分を駆り立てていたように思う。ＩＪＰＣプロジェクトなどに身を投ずるなかで、自分の役割は、情報を集めて問題の解決策を見出す「問題解決型の情報アプローチ」だと強く意識するようになっていった。

専門用語でいえば「ソリューション・プロバイダー」になるということ。外縁の情報を集めて「ホメイニ革命とは何か」などという〝解説書〟を書くのではなく、ホメイニ革命の主導者と向き合い、彼らとどう折り合いをつけるべきか、具体的な方策を示すのである。

私の誇りは、実際にそうやって問題を解決してきたことである。プロジェクトが抱える問題に、有効な解決策を見出してきたからこそ、商社という世界で生き延びてこられたのだと自負している。

いま私が九段北の寺島文庫を基点として主宰する研究会や勉強会には、イトーヨーカ堂創業者の伊藤雅俊さん（セブン&アイ・ホールディングス名誉会長）やファンケル会長の池森賢二さん、ゆうちょ銀行社長の井澤吉幸さん、鹿島建設副社長の渥美直紀さんなど、長い間親交のある経済人が集まるが、彼らは私に国際情勢や経済の潮流を解説してもらいたいわけではない。求めているのは問題を解決するための視座である。産業界だけでなく、政治家や官僚、メディア関係者の研究会も、情報交換というよりも問題の本質をとらえ、課題を解決するための視座を求めて集まっているといえよう。

こうした人的ネットワークが、現在の私の活動を支える「知的インフラ」だといえる。

第四章　新しい産業社会への視線——時代認識への示唆

私たちはどんな時代を生きているのか

この章では、就職を控えた学生たち、そして働く現場で悩む若者に、これだけは知っておいてほしい、世界経済のメガトレンドを述べたい。

目の前の就職活動や仕事をこなしていくのに精一杯で、世界潮流を自分なりに捉え、深く掘り下げる余裕はないかもしれない。しかし、「自分はいま、どこにいるのか」という問題意識なしに、進むべき進路は見えてこない。

経営の本質は時代認識にあると私は考えている。

「いま、どんな時代を生きているのか」を見極めていない経営が成功するはずがない。

そのことは、個人の人生にもあてはまる。

「いま、どんな時代を生きているのか」を自分の頭で真剣に考え抜けば、「自分はいま、何をなすべきか」は少しずつ見えてくる。

世界の構造変化が起こりつつあるいま、メディアから流れる洪水のような情報を漫然と眺め、それらを手垢のついた固定観念で腑分けしているだけでは、激しく変化する社会をつかみきれない。

激動する世界で、現代を把握し、先を見通すのは難しい。だが、私自身の世界認識の基本構図を語ることで、考えるヒントとして欲しい。

メガトレンドとして取り上げたのは、「グローバル化と全員参加型秩序」「アジアダイナミズムとネットワーク型の世界観」「ＩＴ革命の本質」「食と農業の未来」「技術と産業の創生とＴＰＰ問題」「エネルギー・パラダイムの転換」の六項目である。限られた紙幅ではあるが、私の世界認識の一端である。

二十一世紀の産業や社会はどのような方向にシフトするのか。新しいビジネスチャンスはどこにあるのか。読者自身はどこに身を置いてこのトレンドと向き合うのか。そうした思いで読んでもらいたい。

1. グローバル化と全員参加型秩序

人口予測は外れない

最初に取りあげるメガトレンドは「グローバル化と全員参加型秩序」についてである。まずは、世界と日本の人口の概観からはじめよう。

二〇一一年の十月三十一日に、世界の人口は七十億人を超した。一九九八年に六十億人だったことを考えると、わずか十三年で十億人増えたことになる。また、国連の推計によると、二〇五〇年には九十三億人に達し、世界一の人口を持つ国は中国ではなくインドになるという。

世界の人口はいま、年間約一億人というペースで急速に増えている。これをしっかりと頭に叩き込んでほしい。

一方、日本はどうだろうか。二十世紀初頭に四千七百万人程度だった日本の人口は、戦争で急減するも、戦後は再び増加して二〇〇八年に一億二千八百万人まで達した。一億人を超えたのは一九六六年なので、六六年から二〇〇八年までの約四十年間に人口が約三千万人増えたことになる。

ところが、ピークに達した二〇〇八年を境に、この流れが変わる。人口は減少に転じ、厚生労働省の中位予測では二〇四八年に一億人を割るという。一億二千八百万人にまで増えた人口は、〇八年から四十年をかけて三千万人減っていくのである。

「あたるも八卦、あたらぬも八卦」の経済予測とはちがって、人口予測はよほどのこと（移民政策の極端な転換など）がない限りあたる。日本民族は四十年かけて三千万人増え、四十年かけて三千万人減っていく。つまり、われわれは山を登りきって、山頂に辿りつき、そろそろ下山の準備をしているところであり、マラソンでいえば、折り返し地点を通過しつつある。

これまで日本人は、サービス業に携わる人であろうが、製造業で働く人であろうが、公務員であろうが、国内の人口が四十年間で三千万人増えることを前提としたビジネスモデルでメシを食ってきた。この「右肩上がり」のトレンドが終わり、われわれはいま、「四十年をかけて人口が三千万人も減っていく」という未体験のサイクルに入った。

そこに高齢化の問題も絡んでくる。いまからおよそ百年前の一九〇〇年の時点では、六十五歳以上の人は人口の五％、百人のうち五人にすぎなかった。終戦直後もほぼ同じ状況であったが、その後は高齢化が着実に進んできた。六十五歳以上の人口は、二〇一三年には全体の二五％以上、およそ四人に一人だが、二〇二五年には三割を占め、二〇五〇年には四割に限りなく近づくと予測されている。

わかりやすくまとめれば、二〇五〇年に日本の人口は一億人を割り、全人口の約四割にあたる四千万人が六十五歳以上の人で占められる。日本はそのような国へと変わりつつある。

世界の人口が爆発的に増加する一方、日本の人口は減少し、成熟化している。

食糧やエネルギー、環境問題をはじめ、これからの経済を見通すためには、「増える世界人口」と「成熟化する日本社会」というトレンドを、しっかりと認識しておかなければならない。

「全員参加型秩序」の時代

また、単に人口が増えていることだけが、世界の変化ではない。各国や各民族、極端にいえば七十億人の人間一人ひとりが、強烈に自己主張をするようになった。

新興国や発展途上国の人々は、生活の向上を強く求めている。「腹を空かせたまま、がんばれ」「貧しくても我慢しろ」といわれても、以前のようにおとなしく黙って従うことはない。そこで、「全員が参加すること」を前提とした、新たな世界の秩序が構築されつつある。

かつては世界の秩序を決めていたのは、一握りの国々だった。大づかみにいえば、十九世紀から第二次世界大戦までは、世界を植民地として分割した「列強」といわれる国々であり、第二次大戦後の冷戦下においては、資本主義と社会主義のイデオロギーを代表するアメリカとソ連という二つの超大国だった。しかし、一九八九年にベルリンの壁が崩れ、九一年にソ連が崩壊すると、アメリカの一極支配の時代との認識が広まった。当時はアメリカを中心とする「新世界秩序」が生まれる、と盛んにいわれていた。

ところが、冷戦の終焉から時間が経過するにつれて、アメリカ一極ではとても世界全体を束ねられないことが、はっきりとしてきた。たとえば、先進国首脳会議は「G7」「G8」と参加国数で表されてきたが、BRICs（ブラジル、ロシア、インド、中国）など新興国の台頭によって、「G20」などといわれ、「世界は多極化している」といわれはじめた。

それぱかりか最近では「多極化」を突き抜けて「無極化」という言葉まで出てきた。温室効果ガスの排出抑制について話し合う「気候変動枠組条約締約国会議（COP）」の混乱ぶりを例にとってもわかるように、七カ国や八カ国、あるいは二十カ国で事前に意思疎通を図っても、世界のルールをつくれなくなっている。なぜかというと、アフリカ、中東、アジアなどの国々が経済力をつけるとともに自信を深め、激しく自己主張を行うようになったからである。

この「無極化」現象を受けて「G0《ゼロ》」（極など存在しないという意）という言葉も登場した。こうした現状を「秩序が崩壊した」と捉えるのか、そうではなく「新しい世界秩序が築かれつつある」と捉えるのか。見方はいろいろあるが、私は「全員参加型秩序」という新しい世界秩序の時代が到来したと考えている。

理念を持て

「全員参加型秩序」とは、巨大な丸テーブルを大勢で囲んで議論をしているようなイメージである。

これまで世界秩序を決めるときには、喩えていうなら、小さなテーブルに数カ国がつき、自国の利益を前面に出して主張し、押したり引いたりしながら、合意を形成してきた。そこでは相手を丸めこむ老獪な外交術が幅を利かせ、テーブルの下の裏取引さえ行われてきた。そして、発言力の強さは経済力や政治力に比例していた。しかし、「全員参加型秩序」では、経済力や政治力を背景に自分の主張を押し通すことは難しくなっている。自己主張の背景に「なるほど、あいつの言っていることは筋が通っている」と多くの参加者を納得させる理念がなければ、聴く耳を持ってもらえない時代になっているのだ。

国際会議に出席する日本人に対する不名誉な評判——意味のない笑いを浮かべてごまかす「スマイル」、余計なことを言って恥をかかないよう黙っている「サイレント」、時差ボケのせいでうたた寝をする「スリープ」。この「三つのS」の評判を払拭し、様々な考え方を持つ人々の心をひとつにまとめられる傾聴に値する強固な理念とビジョンを持たなければ、日本が世界の議論をリードすることはできない。

しかし、戦後日本は、敗戦国から国際社会に復帰するプロセスで、あまりにもアメリカに依存し、期待することを身につけてしまった。過剰依存と過剰期待の二国間関係だけに軸足を置いてきた。今後もアメリカとの関係は大切だが、二十一世紀にふさわしい創造的な役割を自覚した構想力なしには、今後、国際社会への影響力を持つことはできないだろう。

2. アジアダイナミズムとネットワーク型の世界観

二〇四〇年、世界のGDPの半分をアジアが占める

来るべき「G0《ゼロ》」「全員参加型秩序」の時代において、日本にとって、とりわけ重要なのは、「アジアダイナミズム」である。

近年のアジアの台頭はめざましく、現在、アジアのGDPは世界のGDPの約三割を占めている。二〇五〇年には、これが五割になると見られているが、為替レートの変更を視野に入れれば、おそらく十年前倒しで達成されるだろう。そうなれば、いまの大学生たちが社会の中堅となる二〇四〇年頃までに、世界のGDPの半分がアジアによって占められることになる。世界の繁栄の中心はアジアにシフトしつつある。

アジアの一員である日本の経済も当然、中国をはじめとする他のアジアとの関係を抜きに考えることはできない。

現状の貿易相手国の比重を見ても、アジアが約五割を占め、約二割が中国である（二〇一二年の財務省統計）。二〇一二年といえば、尖閣問題などで日中関係が冷え込んでいた時

期である。そんな時でも約二割の貿易比重を維持したことは、日中の経済の結びつきの強さを示している。

また、訪日外国人の八割は中国・韓国からを中心とするアジアからである。「観光立国日本」を目指して、訪日外国人を三倍の三千万人にしたいというのが日本の目標とされるが、中身は二千万人を超す中国人・韓国人の来訪を期待することである。

どんな産業に従事しようが、どんな企業に勤めようが、これからの日本人はアジアのダイナミズムと正面から向き合わざるを得ない。そのことを肝に銘じておくべきだ。

日本の最大の弱点

その一方で、日本はアジア近隣諸国との相互不信を今もなお抱えていることも忘れてはならない。その源は日本が近代史、とくに太平洋戦争中にアジア近隣諸国に対して行ったことにあるが、二十一世紀になっても、特に韓国（朝鮮半島）と中国との相互不信は解消されていない。いわゆる「歴史認識の問題」として、常にくすぶりつづけてきた。このことは、日本外交の最大の弱点となっている。同じく敗戦国だったドイツが戦後、続けてきた欧州近隣諸国の信頼を取り戻すための努力に比べれば、日本の取り組み不足は明らかである。

日本人の立場からいえば、人口の八割以上がすでに戦後生まれという時代に、「従軍慰安婦」や「南京大虐殺」という問題を今もなお持ち出されても、ピンとこない、腑に落ちないというのが本音だろう。それでも近隣諸国からは、こうした問題に対する日本人のスタンスを問う、という声が相も変わらず出てくる。

竹島や尖閣諸島の問題を含め、紛争のタネになるような、双方とも納得のいかない問題が横たわっていることは歴然とした事実である。だが、その事実を踏まえたうえで、力を合わせればプラスになることを見出して、ポジティブな行動を起こすことも可能である。相互不信があるからこそ、それを抑制してお互いの利益になることを模索するのが、「大人の知恵」というものだろう。

最近の日本をみていると、「近隣の国にはあなどられたくない」というレベルのプチ・ナショナリズム症候群に陥っている感がある。大きな国益を考えるナショナリズムではなく、「やられたらやり返せ」的な次元での視界にひきこまれているようである。こういう時こそ深呼吸をして歴史の英知に学ばねばならない。

欧州の「エラスムス構想」に学ぶ

いきなり「東アジア共同体」のようなものが実現するとは思わない。そんな理想主義的なことを言うつもりはない。しかし、双方にとってプラスになることを段階的に積み上げて、相互交流を深めていく「段階的接近法」が有効ではないだろうか。

参考になるのは、ＥＵの歩んできた歴史である。フランスとドイツの間には、普仏戦争以来、三回も血で血を洗う戦いがあり、東ヨーロッパの国々もドイツに対する警戒心をいまだに緩めていない。それぞれが怨念のようなものを抱きながらも、共同体をつくったほうがお互いの利益になるとの認識を持ち、様々な相互理解・相互交流のプロジェクトを粘り強く積み重ね、ようやく二十七カ国の欧州共同体構想にこぎつけた。

アジアにおける「段階的接近法」のひとつの例は、欧州の「エラスムス構想」（欧州の大学で取得した単位を相互に認定し合うプログラム）を先行事例とした「キャンパス・アジア構想」である。「エラスムス構想」が欧州統合の力になったことからもわかるように、若い人たちの交流プログラムを充実させることは、アジアの未来にとって大きな希望になる。わたしも、日本側の推進委員の一人として、プログラムの実現のために努力してきた。

日中韓から実験校を選び、日本からは十校が参加して、二〇一二年にプログラムがスタートしたが、その先行きは容易ではない。共通言語があるわけではないし、単位の質の担保など課題も多い。文化的な優位性を自負している中国をはじめ、それぞれの国が自国の教育にプライドを持っているのも厄介である。中国にしてみれば、「日本の大学で取ってきた単位を中国の大学でとったと同じように認定するなんて、いかがなものか？」と思っているわけで、すべてが一筋縄ではいかない。とはいえ、こうした試みを足掛かりに、一歩ずつ前進することが大事である。生身の人間と長い時間を共に過ごしたときに芽生える共感や理解は、そう簡単には揺らがない。アジア近隣諸国の若者が直に交流する機会を増やすことは、国同士の相互理解の礎となるだろう。

　また、アジアと対峙するときにぜひ念頭に置いてほしいのが、「agree《アグリー》 to《トゥー》 disagree《ディスアグリー》」の精神で物事を解決することである。「disagree（不同意）」であることを「agree（同意）」するとでもいおうか。お互いの意見にちがいがあることは相違として認め、それを踏まえて、解決を模索する。「見解の相違」ということで、それ以上は踏み込んで議論しないのではなく、相手の意思に真剣に耳を傾けた上で論争を次のステージに進めて、議論を続けることだ。「あなたの主張には賛成できないが、あなたが懸命に語ろうとしていることには誠意をもって耳を傾けますよ」。そういう心構えがなければ、コミュニケーションは成立しない。相手の主張をしっかりと理解することで、自分の主張の正当性もより鮮明に見えてくる。この精神を忘れず、アジアの相互理解を粘り強く前に進める役割を、日本の若い世代に担ってほしい。

ネットワーク型のつながり

「これからの日本人はアジアのダイナミズムと正面から向き合わざるを得ない」と先ほど述べた。とはいえ、これまでのように日本と中国、日本と韓国というような国単位でのみ、「向き合い方」を考えていては現実を捉えることはできない。新しい「向き合い方」を構想するには、「ネットワーク型のつながり」という視点が必要不可欠である。

たとえば、中国の発展を見るときも、中国（中華人民共和国）のGDPが日本を追い抜いたといったレベルで、中国単体だけで捉えていては、本質が見えてこない。「ネットワーク型のつながり」という視点を導入すれば、たんに中国が華僑・華人圏の香港、台湾、シンガポールの資本や技術を吸収し、同時にその華僑・華人圏を成長のジャンプボードとしてうまく利用することで、著しい成長をつづけていることが見えてくる。この中国を中心とした「ネットワーク型のつながり」を私は「大中華圏」と呼んでいる。

中国・台湾・香港・シンガポールの間の貿易量、交流人口、資金の動きは、この十年の間に三倍以上に拡大している。もちろんシンガポールも台湾も「反共国家」で政治的イデオロギーにおいては本土の中国と一線を画しているのだが、産業連携体としては一段と交流を深めているのだ。

中国の新たな国家主席となった習近平も就任演説で「中華民族の歴史的復興」を強調し、「中華民族」という概念を押し出している。何故、ことさらに「中華民族」という概念を強調するのだろうか。それは本土の中国が、漢民族を中心としながらも五十五の少数民族を束ねる多民族国家であり、多民族国家を束ねるには中心となる概念が必要なのである。革命から半世紀の中国では、「社会主義」が建国の理念であり、統合概念であった。ところが、「社会主義的市場経済」とはいっても、マネーゲームが加速し、新たな統合概念が必要になっていると考えるべきであろう。

また、世界に六千万人といわれる華人・華僑の人達、その中核的存在というべき香港・台湾・シンガポールをもにらんで、「中華民族」という言葉は一定以上の共鳴を得られる概念なのである。北京オリンピックの開会式に「人類の四大発明（火薬・紙・印刷・羅針盤）はすべて中華民族がやった」というショーがくり広げられていたが、こうしたメッセージは海外華僑・華人を含む世界中の中国人の心に響くのである。

「ネットワーク型のつながり」という視点を手に入れることで、本質が見えてくることのもっともいい例は、大中華圏の南端にあるシンガポールである。

なぜなら、シンガポールの繁栄は「ネットワーク型のつながり」からもたらされているからだ。

シンガポールの国土は東京二三区くらいで、人口も五百万人と少なく、工業生産力も資源産出力もない。しかし、一人当たりGDPで五万五千ドル（二〇一二年、ちなみに日本は三万七千ドル）に達する豊かさを手に入れている。

植民地をたくさん持っている、豊かな資源を持っている、高い工業生産力を持っている、といった、従来の「強国の条件」にとらわれていては、シンガポールの豊かさの源泉は見えてこない。シンガポールの豊かさは、情報技術やバイオ、サービス、ソフトウェアといった「目に見えない財」からもたらされている。そして、この「目に見えない財」の生産を支えているものこそが、「ネットワーク型のつながり」なのだ。

二〇一二年末に出版した拙著『大中華圏』（NHK出版）のなかで詳しく述べたので、本書では簡単に触れるにとどめるが、シンガポールは世界的に見て二つの大きな「ネットワーク型のつながり」において、重要な役割を果たしている。

第一は「大中華圏」の南端としてのシンガポールの機能である。シンガポールは、中国を中心とした「大中華圏」のなかでは、中国の成長力を東南アジアにつなぐベースキャンプとなっている。

第二は、「ユニオンジャックの矢」においてである。「ユニオンジャックの矢」とは、イギリス・ロンドン、中東の金融センター・ドバイ、IT大国化しつつあるインドのIT産業拠点・バンガロール、資源大国化するオーストラリアのシドニー、これらの都市とシンガポールを世界地図上で結んだ直線のことだ。

ロンドンは大英帝国の首都であり、ドバイ、バンガロール、シンガポール、シドニーは、かつて大英帝国の支配下にあった国の主要都市にあたる。英語国であり、イギリス法を共有し、共通するスポーツ・文化を持っている。今は別々の国だが、「ネットワーク型のつながり」という視点から見れば、大英帝国の歴史によって遺された「ユニオンジャックの矢」の線上で、人・モノ・カネ・情報のネットワークが発展しやすいことはすぐにわかる。

たとえば、中東のオイルマネーをロンドンの金融センターであるシティが取り込み、インドのITやオーストラリアの資源に投資されることで、新しいビジネスが生まれている。

シンガポールは、そのようなネットワーク上にあることを最大限に活かし、その線上で行き交う人・モノ・カネ・情報を巧みに組み合わせることで、「見えない財」で付加価値を産みだしてきた。そして、その存在感は、「ユニオンジャックの矢」と「大中華圏」という二つの「ネットワーク型のつながり」がスパークすることで、さらに増幅されている。

つまり、シンガポールという国家の存立基盤は、目に見える国土ではなく、目に見えない「ネットワーク型のつながり」にある。私が『大中華圏』において、シンガポールを「バーチャル国家」と呼んだ理由は、そこにある。

シンガポールの繁栄の秘密、いやシンガポールのみならず大中華圏全体の成長と発展の大きな理由を「ネットワーク型のつながり」という観点から解き明かしたときに導かれる結論は、グローバル化によって、国境を越えて人・モノ・カネ・情報が行き交うようになると、いかなる国も、もはや単独では繁栄や成功を実現することは難しい、ということだ。相互のつながりのなかで、共存共栄をはかっていかなければならない時代に入っている。

可能な限り重層的なネットワークを張り、ネットワークの相関の中で戦略的提携関係を確立し、自らの足らざる資源や価値をうまく取り込むことをもって、持続的発展を図らねばならないのである。戦略的相互依存の時代なのである。

もちろん、日本にとってもそのことは当てはまる。現に韓国や台湾、中国は日本の技術をベースにして製品をつくり、グローバル市場に販路を拡げている。このことを韓国や台湾に技術を取られた、吸収された、というふうに捉えていてはいけない。これこそが、「アジアダイナミズム」と「ネットワーク型のつながり」が掛け合わされた発展の一つの形だからだ。「アジアダイナミズム」を対岸の出来事のように眺めていてはいけない。そこで繁茂する「ネットワーク型のつながり」に参入し、そのつながりのなかで、自分なら、どのような新しい付加価値を生み出せるのかを考える。そんなふうに頭を働かせる訓練を常にしてほしい。

3．IT革命の本質

コンピューター発祥の地

次に、インターネットの登場に象徴されるIT革命の本質について簡単に総括しておこう。

冷戦後の世界経済は、グローバル化とIT革命によって大きく変化した。そのことに異論を唱える人はいないだろう。

日本で「ＩＴブーム」が起ったのは、「ウィンドウズ95」が発売された一九九五年のことだから、それからもう二十年が経とうとしている。「神はあまねく存在する」というラテン語に由来する「ユビキタス」という言葉通り、いつでも、どこでも、誰でも情報に広くアクセスできるのが普通になった今、「いまさら、ＩＴ革命なんて……」と思うかもしれない。

しかし、「では、ＩＴ革命とはいったい何だったのか？」と改めて問われて、うまく答えられる人はどれだけいるだろう。だが、このＩＴ革命の本質をきちんと理解しておかなければ、われわれは今、どんな時代を生きているのかはわからない。

結局のところ、ＩＴ革命とは、冷戦後にアメリカが主導した軍事技術のパラダイム転換だったといえよう。

その説明をする前に、少々脇道にそれるが、こんな話からはじめよう。コンピューターが生まれた場所はどこか、ご存じだろうか。

私はアメリカ東海岸に十年ほど住み、そのうちの六年はワシントンＤＣで暮らしていた。そのワシントンの中心部に近いジョージタウンに、私もよく通っていた有名なシーフード・レストラン「シーキャッチ」がある。

この店になぜか、「コンピューターの原型が生まれた場所 the birthplace of the original computer」と書かれた銘板がある。ジョージタウンは風情のある街で、歴史的な建造物も多い。「〇〇発祥の地」の類があってもおかしくない雰囲気だが、シーフード・レストランが「コンピューター発祥の地」とはちょっと意外ではないか。

じつは運河沿いにあるこの建物は、元々は一八四二年に建てられた倉庫で、かつてIBMの前身となる会社が入居していた。それで銘板が残されているのだ。

コンピューターの原形は、弾道計算（弾丸や砲弾、ミサイルなどの軌道の計算）の必要から生まれたという。ペンタゴン（米国防総省）に近いこの街で、軍事目的からコンピューターの研究開発ははじまったのである。

インターネットは軍事目的から生まれた

IBMといえば、もうひとつ逸話がある。A・C・クラーク原作の映画『二〇〇一年宇宙の旅』（一九六八年、スタンリー・キューブリック監督）は、SF映画の名作として知られているが、この作品に登場する人工頭脳コンピューターの名前、HAL9000は、I

BMのアルファベットの一つ前の文字を拾って、命名されたといわれている。これは単なるジョークではなく、実際に映画化にあたってIBMが協力し、コンピューターのディスプレイや宇宙船のコックピットのデザインなどを提供している。

肝心なのは、この映画ではHALという人工頭脳コンピューターが、一九九二年（小説では一九九七年）に開発されたという設定になっていることだ。それによって物語上の二〇〇一年に宇宙の旅が可能になったのだが、実際は二〇〇一年を十年以上過ぎても人工頭脳コンピューターは完成していない。日本の「京《けい》」が世界最速のコンピューターとして能力を高めているが、人工頭脳コンピューターとは別物である。

それはなぜか。情報技術の進化が遅れているのだろうか。いや、そうではない。情報技術の進化の方向性が変わったのだ。

『二〇〇一年宇宙の旅』の主役ともいえる、HAL9000は中央制御の大型汎用コンピューターである。ところが、あにはからんや、大型汎用コンピューターの時代は長くは続かず、小さなコンピューターがネットワークを形成してつながる時代が到来した。ジョージ・オーウェルの『1984』など、SF小説に数多く描かれたように大型汎用コンピューターの究極のイメージが、世界の中心に居座って、世界中のあらゆる情報を収集し、計算し、管理し、指令を発する独裁者だとしたら、現実には、そんな独裁者は出現しなかった。小型コンピューターが離合集散しながら、地球規模でネットワークを織りなす世界には、独裁者のように振る舞う大型の中央コンピューターは存在しない。

小型コンピューターが無数につながる分散系のネットワーク情報技術の開発が始められた理由は、冷戦下における軍事上の必要性からだった。中央制御の大型コンピューターですべてを管理する場合、仮にソ連からの核攻撃によって中央のコンピューターが破壊されるとすべての防衛情報システムが機能しなくなる危険性があった。そこで、たとえ一つの回路が攻撃で遮断されても、多様な回路で情報を伝達できる仕組みをつくろうとしたのだ。

一九六二年に、カリフォルニア州にあるランド・コーポレーションのパール・バランという研究者が、ペンタゴンから委託を受け、今日のインターネットの基盤技術となる「パケット交換方式情報ネットワーク技術」の研究開発をスタートさせた。そして西海岸の大学の研究者の支援で完成させたのがＡＲＰＡ（国防総省・高等研究計画局）ネットと呼ばれるものである。

これが冷戦の終焉を受けて民生転用されることになった。「軍事目的で開発した技術だが、冷戦も終わったので、これからは民間で活用していこう」という流れが起こったのだ。

本格的に実現したのは一九九三年のこと。商業ネットワークとペンタゴンのＡＲＰＡネットがつながれ、これ以降、ＩＴ革命なるものが日本を含む全世界を席巻していく。

本来は軍事目的でアメリカが開発した技術が、冷戦後に民間転用された。それがＩＴ革命を生んだということを、まず頭に置いておいてほしい。

インターネットの光と影

インターネットによって、私たちの生活は〝革命的に〟便利になった。情報通信端末は、いまや手のひらに収まるほど小さくなり、地球上のあらゆる情報に、誰もが簡単にアクセスできる。

逆にいえば、私たちはもう、インターネットなしの生活を想像することができない。アメリカの開発したネットワーク情報技術に深く依存しているのである。

インターネットに依存することには「光」と「影」がある。「光」は便利で効率的な生活を享受できること。「影」は情報セキュリティーの問題である。

サイバーアタックや、コンピューターウィルスの被害を受ける危険性はもちろんのこと、「つながる」ということは「つなげられる」ことでもある。そこに「影」がある。

いちばんわかりやすいのが、カーナビゲーションなどに使われているGPS（Global Positioning System）だろう。われわれは、地球を取り巻く二十四個のアメリカの軍事衛星にアクセスすることで位置測定を行っている。別の言い方をすれば、いま、誰が、どこを動いているかという情報を「その必要が生じれば」いつでも掌握されてしまう仕組みに身を任せているのだ。

「いつでもつながる・つなげられる」ことがもたらすトレーサビリティ（追跡可能性）の高さは、両刃の剣といえるだろう。便利な反面、情報を掌握しようという大きな意図があれば、自分の行動がどこまでもトレースされ、インターネット上に残した情報が記録・解析される。ブログやツイッター、SNS（Social Network Service）の書き込みはもちろん、ヤフーやグーグルでの検索データなどから、その人の趣味や嗜好、性別、職業、年齢、日常の行動までもが読み取られる。

ビッグデータの時代などといわれるが、その枠組みに身を置くことで、われわれは緩やかに制御されている。便利で効率的であるが故にいつのまにか無意識で依存を強めることになる。ある意味では、非常に厳しい時代を生きているといえるだろう。

というのも、IT革命には、世界標準にして囲い込むこと（ディファクト化）、囲い込んだら勝手にいじらせない（ブラックボックス化）という負の側面がある。しかも、インターネットもGPSも、軍事目的のためにアメリカによって開発されたものである。それに依存することは、暗黙のうちにアメリカの優位性に身を委ねることになる。

われわれは、もはやIT革命の流れに逆らうことはできない。だが、光と影の両面をはらんだ情報環境に身を任せていることに、強い問題意識を持つことを忘れてはならない。

4．食と農業の未来

日本の生業を再考する

これからの日本の産業を考えるにあたって、注目すべき分野は「食と農業」である。

現在、日本の産業構造の弱点は、食料自給率の低さにあるからだ。日本の食料自給率はカロリーベースで三九％と、四〇％を割るところまで落ちてしまった。日本を除く先進国で食料自給率が低いのが英国であるが、それでも六五％であり、日本の自給率は先進国のなかでも突出して低い数値である。

昔からこうだったかというと、もちろんそうではない。東京オリンピックの翌年にあたる一九六五年の統計では自給率は七三％となかなかの高水準で、一次産業の就業比率は二五％であった。つまり、日本人の四人に一人は、農業や水産業で働いていたのである。

だが、それ以降、日本の産業構造は激変した。六六年に日本の一人当たりGDPが千ドルを超え、八一年には一万ドルを超えたが、その背景には、鉄鋼や自動車、エレクトロニクスといった新しい産業の発展があった。その十五年間に、製造業で外貨を稼ぎ、食料は海外からの輸入に依存したほうが効率的だと、頭を切り替え、第一次産業から第二次・第三次産業へと産業構造を積極的に変えてきた。つまり、六〇年代半ばから「黄金の七〇年代」を挟んだ十五年間で、日本という国は生業《なりわい》を変えた。気がついてみると、食料自給率は三九％、一次産業の就業比率は四％、百人のうち四人に減り、農業人口に至っては二百五十万人にまで縮小した。

ところが最近になって、肝心の「外貨を稼ぐ力」に陰りが生じてきた。二〇一二年の貿易統計によると、日本の貿易収支は六兆九千億円の赤字である。「産業力で外貨を稼ぎ、食料は海外に依存する」というロジックが崩れはじめた。現在、日本が海外から買う食料の実額は五兆九千億円にのぼるが、これほど巨額の食料輸入を今後も続けられるのか、真剣に考えなおすときが来ている。産業構造の重心を下げ、経済の安定性を高めるためには、食料自給率をまずは六割台に高めることが必要である。

一方で日本から海外への農水産物の輸出は、四千五百億円程度である。「日本の食品・食材は、値段は高いが安全でおいしい」という評価が海外でも高まっており、これをもっと増やすことは不可能ではない。実際に、アジアや中東のスーパーマーケットには、日本の食品や農産物があたりまえのように並んでいる。海外の需要は確実に伸びている。

そこで、日本の産業基盤を安定させるために、五兆九千億円の食料輸入を一兆円下げ、四千五百億円の食料輸出を一兆円レベルにまで増やすことを私は提唱している。

五兆九千億円の輸入に対し、四千五百億円の輸出なので、現在の食料貿易収支は五兆四千五百億円の赤字ということになる。これを四兆九千億円の輸入、一兆円の輸出にすれば、食料赤字は四兆円弱に抑えられる。

そのためには、日本の農産物を競争力のある輸出品として育てるしかない。国内の食料自給率を高め、食料の輸入を減らす。これが日本が目指すべき方向だ。

食料自給率は六割まで上げられる

問題は「そんなことが可能なのか」ということだが、結論からいえば可能である。

真剣かつ戦略的に取り組めば、日本の食料自給率は六割程度まで上げられる。その理由を、鶏卵を例にとって簡単に説明しよう。

わたしたちが食べている鶏卵は九五％が国産であり、重量ベースの自給率は九五％である。ところが統計のマジックで、カロリーベースの自給率は九％になってしまう。なぜなら、トウモロコシなど、ニワトリが食べるエサの九五％を輸入に頼っているからだ。

つまり、このエサを国産のものに切り替えれば、自給率は上がる。たとえば、四十万ヘクタール超にまで拡大したといわれる農耕放棄地を使い、システム化された農業生産法人で、ニワトリや牛・豚のエサとなる穀物をどんどんつくり、その国産飼料で養鶏を行えば、鶏卵の自給率は限りなく九五％に近づく。

農業というと「農家の高齢化」が懸念されるが、近年は「食の安全」への関心の高まりとともに、都会の若者が会社員をやめて農家に転身する例も出てきた。分業化によって、長時間の肉体労働という従来の農業のイメージを変えようとする農業生産法人もある。

たとえば、第二章でも触れた三十代の若き社長・橋本晋栄さんが率いる岩手県の株式会社アークは、酪農業の新しいモデルとなる取り組みを行っている。牧場といっても、豚やニワトリを飼育するだけではない。その肉をハムやソーセージに加工して、流通・販売も行うという六次産業化で、小規模ながらも成功を収めている。

生産の現場である農場や牧場を、観光や体験学習の場として開放し、牧場のファンになってもらうことで製品の販売につなげるほか、ネットでの通販も展開している。本場ドイツのコンテストで何度も受賞した手づくりのハムやソーセージをはじめ、製品の品質にも定評がある。

従業員が有給休暇もきちんと取得できるよう労働環境に配慮し、東京農業大学の卒業生など、若い人を積極的に採用していることも特筆すべきである。そこに、「日本の農業を誇りの持てる産業にしたい」という橋本さんの志を感じる。

「アーク牧場」のような事例が増えていけば、現在二百五十万人の農業就業者を、若い人を中心に百万人増やして、三百五十万人にまで持っていくこともできるだろう。その人たちが、年収三百万円から四百万円の安定した収入を得て、胸を張って働けるような農業の基盤をつくる。そうすれば、日本の産業構造は現在よりもはるかに安定したものになるはずだ。不安定化し、失業率が高まっている若年層の雇用問題の解決にも寄与するだろう。

農業の担い手が不足しているから、定年退職した団塊の世代が農家になればいいという声もあるが、そんなプランに現実味はない。農業はそれほど甘い世界ではないからだ。

だが、農業生産・流通法人のバリューチェーンが長くなり、参画できる人が増えれば、大企業で経理を担当していた人や商社で働いていた人が、定年後に農業法人の経理やマーケティングを手伝うという話もリアリティを帯びてくる。現在でも、退職した商社マンがコンサルタントやアドバイザーの立場で、日本の米や高級果物をアジアへ輸出する事業に関わっている、という話は珍しくない。

農耕放棄地の再生・活用が進まない、農業生産法人が増えないなどと、問題点ばかりがクローズアップされるが、旧態依然とした分野としてほったらかしにされてきたから競争力が衰えているのであって、本気で取り組めば、付加価値の高い産業として甦るはずである。

デンマークの農業戦略

そこで、ぜひ参考にしたいのがデンマークの事例である。

デンマークは農業と畜産によって支えられた国家であり、三〇〇％（カロリーベース）という高い食料自給率を誇る。ヨーロッパ、とりわけ南欧が経済危機に苦しむなかで、デンマークをはじめとする北欧諸国が揺るがないのは、農業の基盤がしっかりしているからである。

また、この国は単に農産物を生産しているだけではない。生産した農産物を加工して、さらに付加価値の高い製品として流通させているデンマーク・ブランドのチーズやソーセージなど、農産物の加工食品はヨーロッパで非常に人気があり、信頼も高い。そのブランド戦略と情報発信力には、目を見張るものがある。

近年は、そこにＩＴというインフラが加わった。農業の分野にも、インターネットなどの情報ネットワーク技術革命の活用は不可欠である。デンマークが欧州でも指折りの情報通信大国であるという話は知る人ぞ知る事実である。また、再生可能エネルギーを重視するなど、エネルギー政策にも際立った特色がある。小国でありながら、農業・酪農とＩＴを軸に安定した経済を確立したデンマークから二十一世紀の日本が学ぶべきものは多い。

食のブランド化といえば、サンキストの例がわかりやすい。レモンやオレンジといった柑橘類のブランドとして日本でもお馴染だが、サンキストはアメリカの企業ではない。一八九三年に設立された「南カリフォルニア青果協同組合」に端を発する、世界でもっとも大きな柑橘類販売組合である。

現在の正式名称は「サンキスト・グローワーズ」で、カリフォルニア州、アリゾナ州の約六千軒の柑橘類生産農家が加入している。農業協同組合が世界に冠たるブランドを築き上げ、生産から加工・流通に至る巨大なビジネスモデルを展開しているということ。これも、日本の食と農業の可能性を示す先行事例といえるだろう。

5. 技術と産業の創生とＴＰＰ問題

産業力で農業を支えるべき時代

日本の農業の再生には、もうひとつ重要なことがある。農業に先端的な技術を注入することである。

農業は先端的技術の注入を必要とする分野なのである。保冷や瞬間冷凍といった食べ物を腐らせない技術やバイオのような技術は、これからの農業に不可欠な先端的な技術分野である。エネルギーやＩＴも含め、戦後の日本がモノづくりで蓄えてきた先端技術と資金力と人材を、食の分野に投入すれば、農業・酪農はポテンシャルの高い未来産業として甦る。いや、輸出産業の新しい柱として育つことも夢ではないだろう。

実際に韓国では、そうした取り組みが行なわれている。

裏話をひとつ紹介しよう。二〇一一年、サムスンの会長が私のところにやって来て、こんな相談を持ちかけてきた。

「先日、大統領府に呼ばれ、『韓国の産業界を代表して、サムスンが国の農業の未来に責任を持ってほしい。バイオ技術で農業を支えてほしい』と言われた。そこで、韓国の産業界を代表する形でぜひとも韓国の食料にとってプラスになるようなバイオ技術を持った日本の企業を紹介してもらいたい」と。

大統領から直々にプロジェクトリーダーとしての任を負わされ、サムスン側も必死になっているのが見て取れた。聞けば、ヒュンダイ、ＬＧなども同じような要請を受けたらしい。背景にあるのは、二〇一二年三月に発効した米韓ＦＴＡ（自由貿易協定）である。ＦＴＡによって農業が打撃を受けないよう、産業界が責任を持って食と農の未来を支えて、国家繁栄の基盤を強固なものにしようというのだ。

この隣国の先例に、日本が学ぶべきことは多い。安倍政権がＴＰＰ（環太平洋経済連携協定）交渉参加を表明したことで、日本では相変わらず「産業と農業の対立」という構図で議論がなされている。要するに、ＴＰＰ推進派の経団連が高笑いをして、反対派の農業団体が怒り狂っているという構図だが、これほど愚かなことはない。自由化という大きな流れをつくることは正しいが、TPPを「産業と農業の戦い」にしては絶対にいけない。だいたい「農業生産が三兆円減る」といった試算を突きつけられて、「納得しました」などという農業関係者がいるわけがない。韓国のように、日本の産業界に農業と食に対する責任を持たせなければ、TPPは前に進まない。

経団連が主導して食と農業をしっかりと支えるプログラムをつくり、目に見える形で、人も、カネも、最先端技術も供出し、農業復活のための具体的なプロジェクトを立ち上げる。そのような取り組みを、TPP交渉と並行して行う必要があるだろう。

この問題を深く考えるには、この三十年間を的確に整理しておく必要がある。総合商社で働いてきた私の通商に対する基本的考えは、「より一層、自由化され、開放された通商秩序の実現」である。その私が「おやっ」と思って注目したのは一九八五年に実現した米・イスラエル自由貿易協定（FTA）であった。「こんな枠組み作りもあるのか」と驚いた記憶がある。それが八九年の米カナダ自由貿易協定、九二年にメキシコを取り込んだ北米自由貿易協定と発展するのをみて、九〇年代の前半から、「日米間でも自由貿易協定を」と主張したのが私の立場であった。

ところが、当時の通産省は、米国との自動車、鉄鋼などの二国間貿易摩擦に苦しんでいため、「バイ（二国間）からマルチ（多国間）へ」が政策思想となり、設立が迫っていたWTO（世界貿易機関）の場に通商摩擦調整の舞台を移すことに主眼を置いていた。

そのうち、韓国や中国が二国間のFTAを次々と決めて動き出した。日本はFTAという言葉をEPA（包括的経済連携協定）と言いかえて、遅ればせながらも二国間自由貿易協定へと動き始めた。ところが、最も大切なはずのFTA対象国の米国が、韓国とのFTAで「二国間は打止め」といいだしたことにより、日本は多国間のTPPに入るしか選択肢がなくなったのである。

そうした状況を背景にして、当時の菅直人首相が、横浜で開かれたAPECの総会で「TPPへの参加を検討する」と言い出したのは二〇一〇年十一月のことだった。それから参加表明まで二年半もかかったのだから、産業界に要請して農業を支えるプロジェクトを進める時間は十分にあった。産業界で食と農業を支えるべく、早期に手を打つべきだったのだ。しかし、それをしなかった。

TPPに関しては、やるべきことをやってこなかったことに加え、日本は交渉参加にふさわしいタイミングを完全に逸したといえる。

TPP交渉に参加することは、決断の問題であり可能である。しかし、日本が自分の都合を交渉に持ち出し、実現することは可能であろうか。多国間交渉では、自己主張だけでなく、アジア太平洋の通商秩序への構想が不可欠となるが、日本がそれを用意している気配はない。そればかりか、他の十一カ国が「そろそろ合意しようか」というときに、遅れて入ってきて「聖域をつくってくれ」などと騒ぎ出す、かなり迷惑な新規参入者である。国際交渉というゲームをまったくわかっていない、と言わざるをえない。

といっても、私は自由化の推進に反対しているわけではない。通商国家として開放経済をリードしていくのが日本の国益につながると考えているし、アメリカとのFTA交渉を求めるべきだと、二十年前から主張している。突き詰めれば今回のTPPの本質も、アメリカとの自由貿易協定にある。それを念頭に置いて、アジア太平洋における自由化のスキームを構築すべきであろう。

今さら、二国間FTAを米国に求めても現実性はないと思う向きもあるであろう。しかし、「二国間FTAは打止め」としたはずの米国が、EUの要望に応える形で、二〇一三年に入って交渉のテーブルにつく方針を出してきた。現実に、TPPにおける予備交渉で、米国が強く要望した自動車分野の関税や、保険分野についてはTPPと並行して二国間交渉の枠組を残すとしており、日本が明確な主張を持って向き合えば、日米FTAも可能だと判断する。

その意味でもＴＰＰ交渉は注目を要する。やわらかく国益を主張する方法を見失って、「進むも退くも地獄」という愚かな展開へとこの国を導きかねないからである。

日本の武器は技術力しかない

ＴＰＰ交渉の行方とともに今、気がかりなのが、いわゆる「アベノミクス」の行方である。金融緩和で市中のマネーをジャブジャブにし、財政出動で公共投資を増やす。それで日本経済を浮上させるのが「アベノミクス」だが、私の最大の関心は、市中に溢れるお金がどこに向かうのかにある。その行き先が、これからの日本の農業と産業の将来を左右するといっても過言ではない。

超金融緩和によって物価上昇率二％程度の調整インフレにもっていくことは、かねてより「上げ潮派」などといわれた人達によって主張されてきた。しかし、円安による輸入インフレの加速やマネーゲームの肥大化などの懸念もあり禁じ手とされてきた。ところが、二十年間のデフレ経済に対する苛立ちが調整インフレを歓迎する時代の空気をつくっている。「株が上って目出たい」という浮かれた空気が日本をおおっているとさえいえる。

しかし既にアベノミクスの現実は見えはじめている。まず、株価が何故上っているのかを分析するならば、外国人投資家の買越しによるものだということが分かる。二〇一二年十一月からの半年間で外国人投資家は累積九兆円を買い越してきた。日本の機関投資家も個人投資家は、合計七兆円の売り越しであった。つまり、日本人が買わず、外国人が日本株を買うという構図になっていることが分かる。

外国人投資家が買っている株は、流動性の高い大型株で、換金性の高い一部上場株である。技術志向のベンチャー企業の株や二部上場の株は全く買われていない。つまり、投資の目的が「売り抜く資本主義」であり、産業を育て、事業を支援し、雇用を拡充するための「育てる資本主義」ではない。

もう一つ注目すべき統計は企業物価指数であり、二〇一二年十月を起点として、素原材料は半年で二〇％も輸入インフレで価格が上った。中間財（部品の類）は三％、最終財は二％の上昇となっており、原材料は極端なインフレが進行している。これが次第に川下の流通における消費財の物価を押し上げる圧力になるはずだが、消費者の所得がそれを受け入れるだけ増えるかとなるとそうはいかない。株や土地を持った資産家や企業経営者にとってアベノミクスは大いに歓迎されるべきものだ。だが、日本における分配の構造を考えると企業経営者は、株の評価替えで表面業績が良くなっても、従業員への分配を増やすモチベーションは高まらないはずだ。少くとも勤労者家計の所得が増えるのにはタイムラグが生じるはずで、消費税増税のタイミングも迫る中で厳しい状況が予想される。年金生活者なども含め、一般消費者が、過剰期待の夢から醒めることになるのか、結論は二〇一四年にかけて明らかになろう。

アベノミクスにおいて大切なのは、三本の矢の三つ目の具体的な成長戦略であり、実体経済において、いかなる事業、プロジェクトを育て、日本産業の基盤とするかである。

結局のところ、国際社会において日本が最も評価され、尊敬を集めているのは、技術力だからだ。農作物にしろ、そこからつくられる加工食品にせよ、工業製品にせよ、「モノをつくる」ことに対する生真面目な姿勢が、多大な尊敬を集めている。それが、わたしが海外を動き回ってつかんだ実感だ。

そうであれば、日本が復活する道も、この技術力を根幹に据えたビジネスを育てていくことにしかない。

だから、「アベノミクス」によって、生み出された豊富な資金は、日本の未来を切り開く先端技術や新しいビジネスモデルに挑戦するベンチャー企業に投資されなければならないのだ。いま最も必要なのは「実体経済への回帰」なのだ。まちがっても「マネーゲーム再び」という愚を犯してはいけない。

育てる資本主義再び

「外資主導の日銀バブル」に傾斜しようが、資本主義はしょせんカネ儲けであり「欲と道連れ」であることは否めない。たとえそうであっても、単に利ザヤを稼ぐための「売り抜く資本主義」だけではなく、「育てる資本主義」にこだわりたいと思う。

投資した会社が大きく育って、雇用を生み出し、新しい産業の基盤となる――それを願いながら投資に関わることが「育てる資本主義」である。わたし自身、つねに「育てる資本主義」の視点を忘れずに、投資を行ってきた。

アメリカの国力が萎えてきている原因は、ウォールストリートなるものを肥大化させて「マネー資本主義」に陥ってしまったせいであろう。そういう意味でも、日本をアメリカのマネー資本主義の草かり場にしてはならない。

先ほど例にあげた「農耕放棄地を活用した飼料の生産、養鶏、加工食品の生産・販売」のように、具体的なプロジェクトを立ち上げて、雇用を生み出していく。「実体経済への回帰」とはそういう意味であり、どういう分野に、どんなプラットフォームをつくって雇用を創出するか、その知恵が問われている。

技術、人材の質、資金量、ポテンシャルのある中小企業など、個別の要素を見ると、日本という国は海外のいかなる国にも劣らない一流のものを持っている。だが、それを組み合わせてひとつのプロジェクトにする力に欠けている。

対照的なのは米西海岸のシリコンバレーである。シリコンバレーは、外部から優秀な若者を引きつけ、技術を引きつけ、資金を引きつけて、それぞれが花開くようなプロジェクトを提案する。極端にいえば、他人のふんどしで相撲をとっているが、繰り出される技は、大技だ。

日本は、技術も人材もカネもあるのに、それをうまく組み合わせて大輪の花を咲かせるアイディアを思いつかない。英語でいうところのアジェンダ・セッティング、つまり、的確にプロジェクトを設定して、課題を解決する力が弱い。これからは、その分野を強化する必要がある。

6. エネルギー・パラダイムの転換

シェールガス革命

最後に、世界のエネルギーのパラダイム転換について簡単にふれておこう。

三・一一の衝撃で、日本では「脱原発、再生可能エネルギー重視」を軸にエネルギー問題が議論されている。だが、世界のエネルギー情勢はそう単純ではない。まず、化石燃料の分野で激しい変化が起こっていることを認識しておかなければならない。

とりわけ重要なのが、アメリカのシェールガス・シェールオイル革命である。なぜなら、シェールガス・シェールオイルによって、アメリカの「対中東戦略」が変わりつつあるからだ。

シェールガスとは、頁岩《けつがん》（シェール）層の隙間に埋蔵された非在来型の天然ガスである。近年、このガスを回収する技術（水圧で破砕する技術）が進歩し、商業ベースに乗ったことで、世界の注目を集めている。アメリカでの生産量は拡大しており、天然ガスの価格も下落した。アメリカは、従来の中東依存を脱して「エネルギー自給構想」さえ描きはじめている。

シェールガス・シェールオイル革命によって、世界のエネルギー地政学の軸は「中東からアメリカに移る」という見方も出てきた。

アメリカが権益を有するバイタルインタレスト（死活的利益）としての湾岸産油国（サウジ・UAE・カタールなど）を除き、中東の安定をそれほど重視しなくなり、中東における軍事プレゼンスを低下させれば、安全保障の面でも構造変化が生まれるだろう。そうなれば、自国の石油消費の九割、LNGの三割を中東に依存している日本は、中東からのシーレーン防衛はどうするのかなど、新しい中東戦略を立てざるをえなくなる。

考えなければならない課題は、それだけにはとどまらないだろう。日本はこれまで工業製品を輸出して稼いだ潤沢な外貨で、石油をはじめとする化石燃料を買って、エネルギーを賄ってきた。しかし、日本の外貨を稼ぐ産業力は弱くなってきており、やがてその方法は続けられなくなるだろう。その時代に備えて、日本の技術力を結集したエネルギーのベストミックスを今から構想しておく必要がある。

きれいごとではすまない「脱原発」

「脱原発」についても、きれいごとではすまされない複雑な事情が絡み合っている。たとえば、アメリカは二〇一二年、福島の現状を横目で見ながら、四基の原発新設に踏み切った。これはスリーマイル島の事故以来、三十三年ぶりの政策転換である。

では、なぜアメリカは原発新設を認可したのか。原発にコスト競争力があるからでも、温室効果ガスを削減するためでもない。アメリカは原子力という分野に、非常なこだわりを持っている。軍事と非軍事利用でまったく異なるように見えても、核兵器と原発はコインの表と裏だ。そのことを分かった上で国際的な原子力管理における優位性を維持するために、原子力にもこだわりをみせていると考えるべきである。

さらに重要なのは、近隣国の機敏な動きである。日本のエネルギー政策が迷走しているのをいいことに、韓国はＩＡＥＡ（国際原子力機関）に対して「六ヶ所村のような核燃料サイクル施設をつくるのを認めてほしい」と手を挙げた。「日本の代わりに韓国にやらせてほしい」というわけだ。しかし、かつて韓国が核兵器を持とうとしたこともあって、ＩＡＥＡもすんなりとは認めない。そこで韓国は、米韓原子力協定の見直しのタイミングに合わせて、韓国の核燃料サイクルを支援するよう、アメリカに働きかけている。

驚くことに、中国とアメリカのあいだでは、安全性が高いとされる「トリウム原発」を共同開発する計画まで進んでいるという。なんと、その研究開発の中国側の推進責任者は江沢民の長男である。エネルギー分野における両国の連携はそれにとどまらない。世界最大の埋蔵量を有する中国のシェールガスを共同開発するため、米中シェールガス・タスクフォース協定も結んだという。エネルギーの世界における国際競争は、かくも激しいのである。

現在、世界の原子力産業の中核を担っているのは、ウエスチングハウスと東芝、日立とGE、三菱重工とアレバであることを冷静に認識したとき、つまり、世界の原子力産業の中核を日本企業が占めるという現実を直視するならば、国際的な原子力の管理における日本の責任は重く、これまで蓄積されてきた原子力分野の技術基盤や専門人材を放棄することは、日本にとって正しい選択とは思えない。

日本が脱原発に踏み切ろうが、踏み切るまいが、二〇三〇年の東アジアでは中国は八十基（現在十四基）、韓国は三十六基（現在二十一基）、台湾は十二基（現在六基）の原発を保有していることになるであろう。その時、日本側に原子力における専門性の高い人材と技術基盤が無ければ、日本はこの分野での発言も貢献もできなくなるであろう。

「脱原発」にせよ、ある程度原子力を維持するにせよ、最先端の技術基盤維持は不可欠であり、この分野に若い優秀な研究者が育つことを国の責任においてしっかりと配慮すべきなのである。

三・一一の衝撃とフクシマの現実を重く受け止めるべき日本において「原子力はやめたほうがいい」という感情に引き寄せられるのは理解できる。だが、日本のように技術を持った先進国は、世界のエネルギー情勢の安定に貢献する役割をバランス良く果すべきで、多様なエネルギー源を利用する挑戦を続けるべきである。

また、原子力の議論は常に軍事利用の核と民生利用の原発が裏表となってからみついていることを認識する必要がある。その意味においてアメリカの「核抑止力」に依存しながら「脱原発」を目指す、というのも実はおかしな話である。日米安保を解消してでもアメリカの「核の傘」の外に出て「脱原発」に踏み切るというのなら、賛成はしないが論理的には一貫しており傾聴に値する。しかし多くの日本人は、北朝鮮や中国は脅威だから安全保障面ではアメリカの「核の傘」の下にはぜひ置いてもらいたい、でも国内の「脱原発」は何とか実現させたいという、じつに都合のいい願望を抱いているのだ。そういう発想から一歩もでないところに、日本人の決定的な甘さがある。

私は「非核のための原子力の技術基盤の維持」を主張したい。オバマ大統領が語る「核なき世界」を実現するためにも、日本は核保有の誘惑を断ち切り、平和利用に徹した原子力の技術をしっかりと保持・進化させることで、ＩＡＥＡなどを支柱とする国際的核管理に能動的に関与していくべきである。一切の技術基盤もない国が、国際社会で、自らの理念を実現することは不可能なのである。

第五章　企業の見極め方

1.「自分は何がしたいのか」を突き詰める

出会い頭でいいのか

この章では「企業の見極め方」という極めて現実的な話をしたいと思う。前にもふれたように、安定を求める最近の学生は一段と大企業志向が強い。その結果、就職できない人が大量に出る一方で、中堅・中小企業は慢性的な人材不足に悩む「学生と企業のミスマッチ」が起こっている。就職情報サイトに掲載されているのは、有名大企業の情報が中心で、中堅・中小企業の情報は学生にほとんど届かないからだ。

大企業のように広く名前は知られていなくても、将来性のあるビジネスを手がけている優良な中堅・中小企業はたくさんある。そのなかから自分の価値観や人生の間尺に合った会社を選び、手応えのある仕事をするのも、未来志向の賢明な選択ではないだろうか。

個別の企業の選び方について語る前に、就職や転職を希望する人に向けて、基本的な心構えをアドバイスしておきたい。

若者たちの就職先の決め方を見ていると、「出会い頭」という印象を持つ。あらゆるジャンルの有名企業にエントリーシートを送り、最初に内定を出してくれた企業に入社するケースが多いのだ。「出会い頭に最初に決まったところが、縁のあったところ」というノリで、自分を納得させているように見受けられる。

ひと昔前の就活では、自分の興味のある分野をあらかじめ絞りこみ、そのジャンルのなかで、いくつかの競合企業の入社試験を受けるというやり方が主流であった。金融志望なら銀行や証券会社から、テレビ局志望ならＮＨＫや民放から数社を選び、その扉を叩いていた。

それに比べると、昨今の就活生は「企業を選ぶ」という意識が薄いように思う。親や親戚、知人などの影響を受けるのは致し方ないとしても、就職先の選択に自分自身の意思が、ほとんど感じられないのである。

企業に選ばれるだけではなく、企業を選ぶ側にいることも思い出してほしい。「自分の人生を自ら創造していく」。そんな気概を持って就職活動に向き合ってほしいと思うのだ。

主体的に「企業を選ぶ」にあたってまず、やるべきことは、「自分は何がしたいのか」

を突き詰めて考えることである。

就職を控えた若い人たちに、実際に「いったい君は何がしたいのか」と問うと、返って来る答えは、曖昧かつ抽象的なものである。自分の関心のあるジャンルや領域が、きちんと絞りこめていないのだ。

それはなぜか。いまの若い人は、自分の適性と就職先をリンクさせて考えることが難しい環境におかれているからではないだろうか。確かに自分の学んだことと企業に入って任される仕事のつながりは、かつてより見えづらくなっている。

大学進学のときは、少なくとも文系か理系かを考えて学部を決めたはずだが、最近は「文理融合」の学部も増えている。文系と理系の区別が非常に曖昧で、卒業後の進路も以前ほど類型的ではない。以前は文系の仕事だった金融に理系の学生が就職するなど、理系の学部を出ても「理系らしい仕事」に就くとは限らない。

「はじめに」でもふれたように、エンジニアといっても、原子力工学、情報工学から、遺伝子工学、経営工学・金融工学に至るまで多様化している。今の時代、社会経験の乏しい学生や若者が、自分の進路をイメージすることは容易ではない。

だからといって、就職という人生における一大事を「業種や職種にはこだわらず、縁のあった企業に」などという方式で決めるのはいかがなものか。そこで、これまでの人生で学んだことや、大学で身につけた知識などを手がかりに、自分の関心のある領域、職域を自分に問いかけてみることを提案したい。

参考までに、事業の理念や目的、ビジネスモデルから、わたしが分類した六つのジャンルを挙げておこう。

・環境、新エネルギー
・医療・介護・健康
・次世代ＩＣＴ
・食と農業
・グローバル・サービス、エンターテイメント、観光、文化交流
・新しい公共、ＮＰＯ、ＮＧＯ

この六つのジャンルの先に、さまざまな企業や職種の選択肢がある。「自分は、ほんとうは何がやりたいのか」を自問自答しながら、それを絞りこんでいくのである。このジャ

ンルの特長は、産業別分類ではないことだ。「ほんとうは何がやりたいか」と実際にやる仕事のつながりが、なるべくスムーズにイメージできるような分類になっている。

前にも書いたが、「食の問題に関心がある」といっても、その進路の選択肢は多様である。農業をやるのか、食品会社に勤めるのか、あるいは地方公共団体やNPOの職員として地域の農業に関わるのか……と、色々な道が考えられる。さらに、農業にも、農家として生産に携わるだけでなく、農業生産・流通法人で働くという方法もある。「食に関わりたいから、大手食品メーカーにエントリーシートを送る」と短絡的に考えるのではなく、さまざまな選択肢を吟味すべきなのである。

もちろん、名の知れた大手食品メーカーに就職することも、ひとつの生き方であり、その選択を否定するわけではない。しかし、他にも様々な道があることは知っておくべきである。

なぜなら、大企業に入っても、必ずしも輝かしい未来が約束されているわけではないからだ。「こんなはずじゃなかった」という失意のなかで、入社三年以内に三割の人が転職する現状の背景に、企業側の問題があることも否めない。

企業を見抜く目を養う

その代表例が、第一章で述べたように、企業側が社員をいつでも取り替えができる「部品」のように扱うことである。

「誰でもできる」単調で平準化した仕事ばかりをやらせて、社員のやりがいや職能を高めることには関心を払わない。なかには社員の入れ替わりを歓迎している会社さえあるという。誰がやっても大差がない仕事なら、同じ人に長く働いてもらうより、低賃金の若い社員を新しく雇って、新陳代謝を図ったほうが経営効率がいいからだ。現実に、そうやって回転率を上げる経営手法が存在しているのだから困ったものである。

こうした企業の最悪の例が、近年、社会問題化している〝ブラック企業〟である。大量採用した若い正社員を違法ギリギリの劣悪な条件で働かせて、戦略的に離職へと追いこみ、使い捨てる。月二百時間以上の残業といった過重労働を押しつけて、過労死問題を引き起こす例もあるという。就職難のなか、「正社員」という地位に引きつけられる若者を利用し、彼らを食い物にしているのである。

就職は重要な人生の転機である。悪徳企業・経営者に人生を台無しにされないために、企業の良し悪しや将来性を見抜く目を養っておくことが重要である。

関心のある領域や仕事を絞り込み、「おもしろそうだ」「こんな仕事をしてみたい」と興味を感じた企業や団体を見つけたら、以下の私の見方を参考にして、その企業を冷静に見極めてほしい。規模は小さくとも、存在感のある優良企業を見つける一助になると思う。

2．企業の収益を生む仕組みに着目する

自分ならどうするか

最初のポイントは、どういうビジネスモデルで収益を上げているのか、その会社や団体の収益を生む仕組みに着目することである。決算書に書かれた数字から「この会社は儲かっているかどうか」という短期の業績を調べるのではなく、業態をしっかりと見抜くのだ。

いまのような技術や社会のニーズの移り変わりが激しい時代では、単なる幸運によって「たまたま業績を上げただけ」という会社も珍しくない。創業者が事業を最初に軌道に乗せたビジネスモデルが、時間の経過とともに、どういう形で発展し、進化し、あるいは衰退していったか、その過程をじっくりと検討するのである。

競争相手の登場や新しい技術の誕生といった環境の変化によって、事業が難しい局面に入ることもある。そういうときにこそ経営者の力量が問われる。新たなビジネスモデルの導入などで難局を乗り切る可能性のある会社なら、これからも持続的に発展を遂げていくことも期待できる。

集められる資料から、そのあたりをしっかりと読み取って、環境の変化に対応できる未来挑戦型の企業を探してほしい。

と同時に、「もし自分ならどうするか」、「自分ならどう貢献できるか」という観点から、その企業と向き合ってみることも大事である。企業の成長サイクルは多くの場合、三十年だといわれている。自分が経営者なら、その業態を次にどう変化・進化させるか――未熟ではあっても、自分なりの考えをまとめることができれば、企業との話も次第にかみ合うはずである。

そのためには、業態変化や企業経営に関する書物・文献に少しずつ興味を持ち、理解を深めておくことを勧めたい。経営学の難解な本ではなく、企業モノの小説など、なかなか深い作品も出版されている。

信用金庫活用法

また、資料収集にあたっては、信用金庫の持つ情報を活用するのも賢い方法である。中堅・中小企業の内情をくわしく把握しているのは、地元に密着した信用金庫であることが多いからだ。

信用金庫に知り合いがいれば、その人にあたってみるのが早道だし、信金の系列シンクタンクが公開している資料にも有益な情報が含まれている。その企業が地域で信用を集めているかどうか、経営者の評判はどうかなど、広報用の資料では見られない貴重な情報が得られるはずだ。

信用金庫での情報収集に限らず、先輩や知人を訪ねる際は、ただ漫然と会うのではなく、質問したいことをまとめたメモを持参することを勧める。質問の内容には、その人の問題意識の深さが表れる。さらにいえば、答えは、すでに質問そのもののなかに潜んでいることが多い。つまり、質問そのものに価値があるということだ。貴重な時間を割いてくれた相手を失望させないためにも、「なかなか見どころがある」と思わせるような、鋭い質問を用意しておきたい。

3．経営者や中間管理職の人となりを見つめる

「この人のもとで働きたい」と思えるか

二番目は、経営者の人間力を自分の肌身で感じ取ることである。

中堅・中小企業で働くことの魅力は、至近距離で経営者と向き合えることにある。大企業の場合、一般社員とりわけ若手の社員が社長に会える機会は一年に一回程度であり、面と向かってじっくり話をすることも難しい。入社式で社長の顔を見て以来、定年退職するまで会う機会がなかったという社員がいても、不思議ではない。

だが、会社の規模が小さければ、日常的に至近距離で経営者の顔を見て、人となりを直に感じることもできる。

創業期のビジネスモデルに安住せず、次世代に向けて新たな業態に進化しようとする企業を、わたしは「未来挑戦型企業」と呼んでいるが、こうした企業は、未来挑戦型の経営者がいればこそ成立する。

「この人のもとで働きたい」と真摯に思えるような経営者に出会えれば、その会社を志望

する理由としては十分ではないだろうか。

もちろん、いくら中小企業でも、就活中の学生が経営者と話をするチャンスは限られているだろう。

だからこそ、面接や会社訪問などの機会を最大限に活用することを勧めたい。自分が面接されるだけでなく、経営トップの経営スタンスや時代認識、人間として吸収すべきものを持っているか否かを、自分の五感を使って感じ取るのである。

私も仕事を通じて常日頃から多くの経営者に接してきたが、「やはりこの人は立派だな」と感じる人はおしなべて謙虚である。幅広い人脈を持ち、さまざまな意見を聞くために自ら足を運び、頭を下げることを厭わない。また、向上心が強く、時代の変化をつかむため、自分から情報源にアクセスする姿勢も共通している。必ずといってよいほど研究会や勉強会など自分のネットワークを持っている。

中堅・中小企業では、経営者の器が業績を大きく左右する。そんな経営者が率いる企業なら、多少のことでは動じない足腰のしっかりした経営をしているはずだ。

経営者だけでなく、その会社の従業員、特に中間管理職の質を見ることも重要である。経営者だけが張り切っている、いわゆる「ワンマン経営」の会社は危険だが、会社を支える中堅の管理職が豊かに育っている企業は、概ね「人が育つ、いい会社」といえるからだ。

通常、採用の窓口は人事なので、人事の社員と話す機会はあるはずだ。それだけではなく、「会社のことをよく知りたいので……」と申し出て、企画や営業の管理職にも会わせてもらったほうがいいだろう。

現場で活躍する中間管理職は「十年後の自分の姿」である。彼らの仕事ぶりを知ることで、その会社が自分に何を期待しているのか、どんな社会人に育てようとしているのかが見えてくる。その人たちが「会社や経営者から何を吸収して、どんな社会人に育ったか」を、しっかりと見定めてほしい。

4．仕事とは生身の人間を動かすこと

「情報とは、情けに報いると書く」

ここまで企業を見極めるためのポイントをいくつか紹介したが、突き詰めると、着目すべきものは同じである。要するに「人間を見ろ」ということだ。仕事とは、生身の人間の営みである。だからこそ優良企業かどうかの見極めも、経営者の資質や働く人の人間力で

判断できるのだ。

自分の額に汗して、靴を履き潰して動くこと。相手の目を見て話をして、自分を評価してもらい、生身の人間を動かすこと——アナログだと思うかもしれないが、それが「働くということ」なのである。

「ネットにアクセスすれば、どんな知識や情報も得られる」と勘違いしている若者も多いが、ネットのなかの無味乾燥な情報は手がかりにはなるが「ほんとうの情報」ではない。

情報とは、生身の人間と意志疎通ができてはじめて得られるもの。そして、そういう情報交換をベースにしなければ、営業をはじめ、あらゆる仕事は成り立たない。人間に対する好奇心がなければ、仕事はうまくいかないのだ。

それを端的に表現しているのが「情報とは、情けに報いると書く」という言葉である。情報交換のベースにあるのは「人の情けに報いる」という気持ちであり、貴重な情報や相手の本音を引き出すには、まず相手の心を捕えなければならない。

その昔、会社の先輩から教えてもらった教訓だが、これを若い読者にもぜひ伝えておきたい。「こいつには、他の人より早く本気で伝えてやろう」と思ってもらえるような人間的な魅力がなければ、本物の情報を手に入れることはできない。

英語はツールにすぎない

ついでながら、英語力についても、多くの日本人は誤解をしている。

私は海外を飛び回って仕事をしているが、それを可能にしているのは必ずしも英語力ではない。

私と同世代の日本人の英語はネイティブの発音にはほど遠い。大方の場合、「ジャック・アンド・ベティ」の教科書で中学校から習ったいわゆるサムライ・イングリッシュであって、英語に対して、大きなコンプレックスを抱えている人が多い。第三章を読んでもらえばわかるが、私自身も、海外で育ったわけでも、留学をしたわけでもない。

だが、ビジネスの現場で大事なのは、言わんとすることが通じることであり、自分の話に相手が耳を傾けてくれることである。インド人の英語もオーストラリア人の英語も、非常に聴き取りにくいが、みな国際舞台で堂々と自分の意見を主張している。「こいつの意見は耳を傾けるに値する」「この東洋人はなかなかおもしろい」と思わせるだけのものを発信していることが重要なのであって、流暢に英語がしゃべれるかどうかは、二の次、三の次なのである。

英語そのものはツールにすぎない。帰国子女のように、ほとんどランゲージバリアのないビジネスマンであっても、話に中身がなければ信頼されないし、人として好かれない。それゆえ情報を取ってくることも分析もできない。

企業の見極め方や情報収集と同様に、結局のところ、仕事でモノをいうのは人間の中身であり、「素心」なのだということを、いま一度、強調しておきたい。

自分は会社に何ができるのか

話は少々それるが、就職や転職を考える若い人たちに注意してほしいことがある。それは、「会社が自分を育ててくれる」という過度な期待は捨てることである。

面接に来た学生が「わたしたちをどのように育ててくれるつもりですか?」という類の質問ばかりするので、企業側も頭を抱えていると聞く。福利厚生に関する質問は序の口で、会社説明会では、海外留学制度やキャリアアップのための研修制度などに質問が集中するという。

成長したいという気持ちを持つことは大事だが、入社もしていないうちから「会社が自分にしてくれること」だけを問うのは、受け身の〝愛されたい症候群〟の一種である。そういう甘えを持っているのが、現代の学生の問題点といえる。してもらうことばかりを考えるのではなく、「会社や社会に、自分は何ができるのか」という視点も持ってほしい。

最少限度の知的努力をして、自分が参画したい企業のことを勉強し、その中で自分がどのように役に立ちうるのかを真剣に考えてみること、そして、自分の今までの限られた勉強や体験、あるいは自分の性格や適性を考えてみて、少しでも貢献したいと誠実に考えてみること、そうした姿勢なしに、会社から期待される人材にはなりえないことに気付くべきである。

親の壁を越えろ

また、「親というハードルを越える」ことも必要である。

いまはどの大学も、社会人基礎力養成講座を開いたり、エントリーシートの書き方を徹底的に教えたりと、就職指導に力を入れている。地元の信用金庫と連携して、地場の有力企業と学生を引き合わせる大学もある。そういう努力が実り、学生が納得のいく就職先を見つけても、「そんな会社、聞いたこともない」という親の心ないひと言で、すべてが無に帰してしまうことが少なくないそうだ。

先述したように、いまの学生たちの親は、バブル期かその残骸を引きずった頃に就職して以来、右肩下がりの日本で「静かなる沈没」を体験してきた世代である。あくまで一般論だが、そのせいか非常に受け身の時代認識を持っている人が多く、息子や娘の就職先として、誰でも知っている名の通った企業を望む傾向が強い。そこで、子供が選んだ中堅・中小企業を名前を知らないだけで否定してしまうらしい。

では、どんな企業ならよいのかを親に聞くと、「TVでCMを打っているような企業」というレベルの判断だということが多い。社会的な認知度が、世間体を気にする親にとっては一番なのである。大学の入試にあたっても、「この大学に入れば、どんな企業に就職ができるのか」との質問もあるという。落ち着いて思慮深く時代を考え、子供と一緒になって子供にとって充実した人生を模索してもらいたいものだと思う。子供の旅立ちは、親にとっても、時代と自分自身の生き方を再考する機会でもあるはずだ。

子供たちも、親が何と言おうが自分の意思を貫くという一昔前のタイプではなく、心根のやさしい、親思いの学生が多い。だから悩んでしまう。

しかし、この機に〝親子一心同体〟という意識を捨ててはどうだろう。自分の人生である。気概を持って親を説得し、「親というハードル」を越えてほしいものである。

5. インターンの進化形、ワークプレイスメントを活用する

実際に働いてみる

最後に、別の角度から企業を見定める方法を紹介したい。

それは、実際にその企業に入って働いてみることである。本格的に入社する必要はない。一時的な就業体験でも、得られるものは十分あるはずだ。

学生が就業体験をする方法として、もっとも一般的なのはアルバイトである。小遣いや生活費を稼ぐという目的のほかに、アルバイトには「社会を垣間見ることができる」というメリットもある。ただし、アルバイト先にそのまま就職するというケースは、ゼロではないものの非常に少ないであろう。

また最近は、インターンという形で社会人を体験する学生も増えており、これはこれで意味がある。だが、企業の側からすれば、インターンとは「ある期間だけ預かっているお客さん」にすぎない。

このところ多くの企業が毎年たくさんのインターンを受け入れているが、「学生さんは、その隅にでも座って、仕事の様子を見ていてください」という程度の扱いである。学生のほうも、コーヒーなどを飲んで時間をつぶしている。それがインターンの現実であり、「仕事をリアルに体験する」とはとてもいえない。

なかには、インターンという名目で大量の学生を受け入れて、電話セールスなどの仕事をさせる不届きな企業もあるらしい。しかも「実績を上げれば、正規採用してもいい」と、学生たちの鼻先にニンジンをぶら下げるというから、ひどい話である。

こうしたインターンの進化形として、ワークプレイスメントという新しいタイプの就業体験も登場している（https://workplacement.jp/）。アクセスして納得のいくまで検討してみることだ。私の学生時代の博報堂でのアルバイト体験も、今考えてみれば、対価を得ての責任の伴う就業体験だったわけで、「ワークプレイスメント」だったともいえる。

これはイギリスではじまったプログラムで、一定の仕事を任され、対価も得られる。IT関連の企業にSEとして入って実際にプログラムをつくるなど、社員と同じように働く。アルバイトとインターンのいいところを組み合わせた就業体験で、学生にとってかなり意味のある体験になると考えている。そこで私も、ワークプレイスメント推進協議会の委員長という立場で、ソフトバンクの孫正義さん、エイチ・アイ・エスの澤田秀雄さんなどの協力を得ながら、学生の就業体験の幅と深さを充実させる試みに協力している。

学生を受け入れる会社は中小企業が中心だが、県や市などの地方公共団体やＮＰＯ、大企業も含まれる。働く期間は条件によってちがい、一カ月程度のときも、三カ月くらいのときもある。

責任も伴うので「やってみたら結構たいへんだった」、あるいは「内実を知って失望した」ということもあるだろうが、企業の現場を肌で知る貴重な機会である。就職先として考えている企業で働くことができれば、社内の雰囲気や仕事の様子がよくわかるし、そのとき親しくなった人との人脈は、たとえ他企業に就職しても、きっと役に立つはずだ。

イギリスをはじめ海外では、ワークプレイスメントの体験が大学の単位として認定されるという。近い将来、日本でも同様の仕組みがもっと充実できれば、ワークプレイスメントがもっと広がるにちがいない。

また、ワークプレイスメントとは謳っていないものの、ソフトバンクでは、類似の「就活インターン」プログラムを独自に行っているという。

およそ一カ月にわたって学生に本格的な業務を体験させて、賃金も支払う。しかも、このときの評価が、採用のときに加味されるのだ。

二〇一二年には約三百人もの学生が参加したそうである。こうした就業体験や、採用直結型のインターンシップが他の企業にも広がり、企業と学生のミスマッチが少しでも解消されることを願っている。まずは、自らの意思で行動を起こすことである。

第六章

人は何のために働き、そして生きるのか

新渡戸稲造と内村鑑三

本書では、就職や転職という人生の転機に立つ若い人たちに向けて「働くこと」の意味について語ってきた。

「働くこと」の本質を掘り下げていくと、「自分は何のために生きているのか」という問いにぶつかる。別の言い方をすれば、この書は「人間は何のために生きるのか」という「人生の目的」を探る試みでもあったといえるだろう。

かつてマルクスは「労働者は鉄鎖以外失うものはない」と語った。労働が鉄の鎖につながれた奴隷の仕事のような時代もあった。だが、今や労働が苦役だった時代は過ぎ、仕事も多様化した。職業の選択肢は広がり、働く場所もグローバルになっている。「嫌な仕事ならしなければいい」という時代だから、目先の仕事を渡り歩くうちに「働くこと」の本質を見失いそうになる、そんな時代だからこそ、「自分は何のために働くのか」という問いを持ち続けることが重要なのだ。

そこで、この終章では、「人間は何のために生き、何のために働くのか」という壮大な問いに改めて挑み、最後のまとめとしたい。

私自身を含め、明治から大正、昭和を生きた青年たちに、たいへん大きな影響を与えた人物に、新渡戸稲造《にとべいなぞう》と内村鑑三《うちむらかんぞう》がいる。

新渡戸稲造は、東京女子大学の初代学長という偉大な教育者であり、国際連盟の事務局次長を務めた日本を代表する国際人であった。一方、内村鑑三は孤高の宗教家、思想家として苦難の道を歩み、『代表的日本人』『後世への最大遺物』など、今も読み継がれる著作を遺した。

新渡戸のことは名著とされる『武士道』の作者として、あるいは「旧五千円札の顔」としてなんとなく知っているが、内村の名前は聞いたことがない、という人もいるかもしれない。

平成生まれの読者には馴染みがなくとも、かつて彼らは、幾多の若者の「生きる道しるべ」として輝く存在であった。若者たちは、二人の生き方や思想に「人間は何のために生きるのか」という答えを求めたのである。

社会的な地位と資産を得て、世俗的な成功を収めた新渡戸に対し、内村は誇り高くも不器用な人生を歩んだ。対照的な生き方をした二人だが、ともに札幌農学校の二期生であり、一般的には同校初代教頭であるクラーク博士の「弟子」として知られている。

「弟子」とカッコをつけたのには意味がある。じつは新渡戸も内村も、クラーク自身から直接教えを受けたことはなかったからである。

クラークは明治の青年たちに多大な影響を与えたが、彼が札幌農学校に赴任していた期間はわずか八カ月半であり、指導したのは一期生だけであったという事実はあまり知られていない。

見送りに来た学生たちに、馬上から「青年よ、大志を抱け／ボーイズ・ビー・アンビシャス」と叫び、北の荒野を走り去っていった……というドラマチックな別れの場面をはじめ、いまに伝わる〝クラーク伝説〟は虚実がない交ぜになっている。

クラーク博士の実像

アメリカ・マサチューセッツ州出身の農学者であるクラークは、一八七六年の夏、北海道開拓のための農学校の教壇に立つ「お雇い外国人」として日本にやってきた。教育に対する情熱には並々ならぬものがあったらしく、学生たちと車座になって語り合い、熱心にキリスト教の教えを説く——そんな熱血教師ぶりが若い一期生の共感と尊敬を集めた。

興味深いのは、宗教的にも大きな影響を与えながら、自身はキリスト教の伝道師ではなく、学者としても本国ではあまり評価されていなかったことである。もっとも、それゆえ何のわだかまりも持たずに、異国の青年たちと同じ目線で語り合うことができたのかもしれない。

そしてわずか八カ月半後、彼は風のように去っていく。見方によっては無責任な人だが、彼を慕う一期生は、クラーク先生の思い出を後輩たちに語り継いでゆく。新渡戸も内村も、伝え聞いたクラークの教えに感化され、キリスト教に帰依した。

こうして生まれたクラーク伝説が、明治の青年たちの心に火をつけた。「人間は何のために生きるのか」との問いに、答えを出した人もいたはずだ。

だが、実際のクラークはどんな人物だったのか。アメリカに帰国したあとの彼の行動を追うと、「偉大な教育者」とのイメージを裏切るエピソードに戸惑うことになる。マサチューセッツ農科大学の経営に関わるも、理想と情熱ばかりが空回りして批判を浴び、鉱山開発という投機的な事業にも手を出し、その失敗で出資者から訴訟も起こされている。

空回りしがちな情熱家とでもいうのだろうか、向上心はあるが、山っ気が多く、野心的な人物像が浮かび上がる。アメリカ滞在中に晩年のクラークを訪ねた内村も、本人に会って失望したと伝えられている。ちなみに札幌農学校の卒業生で、帰国後のクラークに会ったのは内村だけである。

伝説が伝説を生み、虚像がひとり歩きしたことに苦笑いせざるを得ないが、その伝説に励まされた人がいたことも、また事実なのである。

雇われ教師としてやってきた極東の国で、上から目線で語るのではなく、一緒になって語るクラークの姿に、札幌農学校の一期生達は心開き、大きな影響を受けたのであろう。

『世渡りの道』

じつは新渡戸稲造の人物像についても、調べていくと似たような部分がある。昨今では、新渡戸の書いた『武士道』が、まるで日本人の精神の基軸を語るものであるかのように高く評価されているが、この人が世俗的にも成功して大金持ちになったという側面は、それほど知られていない。

知の巨人、真の国際人、偉大な教育者という、そそり立つような新渡戸稲造像からは想像しにくいが、彼は『世渡りの道』という俗っぽいタイトルの本を出している。これがたいへんなベストセラーになった。

当時のベストセラーは現在とはまさに桁違いの収入になったらしく、新渡戸は東京・文京区小日向に六千坪もの邸宅を構えている。この家を訪ねた札幌農学校時代からの旧友、内村鑑三は、「新渡戸は堕落した。これでは悪口をいわれるのも無理はない……」と嘆いたというから、よほどの大豪邸だったのだろう。

実業之日本社から一九一二年に出版された『世渡りの道』は、若者向けに処世術や人生訓を説いたものである。ページをめくると「人に対する礼節」「奮闘の心得」「泣言の矯正」「人生問題の解決前提」といった章が並び、現代でいうところの自己啓発系ビジネス書に近い。

といっても、要領よく世間を渡るためのお手軽なノウハウが書かれているわけではない。「さすがに新渡戸稲造だ」と感銘を受ける部分も多く、逆境を越えて生きていく者にとって、力強いメッセージとなっている。

新渡戸が生きた時代を振り返れば、この著作の背景が見えてくるのではないか。「身を立て、名をあげ、やよ励めよ」という「仰げば尊し」の歌詞のように、「坂の上の雲」を目指した明治の日本では、立身出世を遂げて、ふるさとに錦を飾ることが特別な意味を持っていた。六歳のとき父親を亡くし、十歳で故郷の盛岡を出て、叔父のところに養子に出された新渡戸にとってはなおさらであろう。

「祖父や父のように偉い人にならなければいけない。母に似てバカだと言われないよう一所懸命に勉強して、有名になっておくれ」

母親は、こんな手紙を何度も書き送ったという。そして新渡戸は志を見事に果たし、輝かしい名声と巨万の富を得た。知の巨人であるとともに、世俗的にもたくましい成功者であったのである。

『後世への最大遺物』

それに対し内村鑑三は、宗教者として多くの青年の心を揺さぶった。とりわけ『後世への最大遺物』の与えた影響は大きい。当時の若者にとっては、新渡戸の『武士道』よりはるかに重い本だったといえるかもしれない。

『後世への最大遺物』は、一八九四年、箱根・芦ノ湖畔で開かれたキリスト教徒・夏期学校における内村の講話をまとめたもので、文庫本でわずか七十一ページの短い講演録である。

語られているテーマは、「我々人間は、人生を通じて、この世に何を遺せるのか」という根源的な問いかけである。

心に沁みるのは、最後の四行である。

「われわれに後世に遺すものは何もなくとも、われわれに後世の人にこれぞというて覚えられるべきものはなにもなくとも、アノ人はこの世の中に活きているあいだは真面目なる生涯を送った人であるといわれるだけのことを、後世の人に遺したいと思います」

金持ちになることでも、実業家として成功することでも、偉大な思想を遺すことでもない。人がこの世に遺せる最高のものは、「あの人は、あの人なりの人生を、立派にまっとうに生きた」ということである。この短い結論が、青年たちの胸を打った。

誰もが後世に遺せるものは、高尚なる生涯である――自分の内面だけを見つめ、宗教者として、ひたすら誠実に生き続けた内村の言葉は、百年以上経ったいまも色あせない。キリスト教徒ではない私も、その凛とした存在感に、ただただ圧倒される。

だからといって、新渡戸の生き方を否定するわけではない。新渡戸のように、富と名声を得てたくましく生き抜き、その力をもって社会に貢献する人生もあっていいのだ。

内村と新渡戸、どちらが正しいとか、立派だといっているのではない。私がこの二人を紹介したのは、ある意味、好対照をなす彼らの生き方が、若い人にとって参考になると考えたからだ。

歴史の進歩のために

人生に求めるものは、人それぞれである。社会的な成功や、金儲けを目指してもいい。だが、重要なのはその先である。

やりがいのある仕事を見つけて、経済的に安定して、自分だけ満足すればそれでいいのか、ということ。「人は何のために生き、何のために働くのか」という「人生の目的」を探ってきた本書の最後に、改めてそれを問いかけたい。

第一章で書いたように、仕事を通して時代に働きかけ、少しでも歴史の進歩に加わることが「生きること、働くこと」の究極の意味だと、私は考えている。

無論、ひとりの人間は豆粒のように小さい。歴史という大河のなかでは、そんな豆粒のごとき個人がいくらがんばっても何も変わりはしない。そう達観している人もいるだろう。

それでも私は、「歴史における個人の役割」は極めて重いものだと受けとめている。個が動かなければ、歴史も動かない。だからこそ、「カセギ」と「ツトメ」の両立の実現だけで満足せず、もう一歩踏み込んで歴史の進歩のために尽力すべきだと思う。

歴史の進歩についてはさまざまな考え方があり、「人間の歴史に進歩などない。我々は歴史に学ばず、愚かにも同じ過ちを繰り返しているだけではないか」と主張する人もいる。

一方、冷戦の時代には、頑なに「歴史は進歩する」と信じていた人たちも存在した。わたしが学生の頃に全盛を極めたマルクス主義では、「資本主義の矛盾が深まれば、労働者が起こす革命によって社会主義体制に移行する。それが進歩である」と考えられていた。

ところが、冷戦が終わったことでこの歴史観が破綻した。社会主義なるものを「進歩」と捉え、それを夢見ていた一群の人たちは、ソ連をはじめとする社会主義陣営の崩壊によって価値の基軸を喪失し、茫然自失となった。

以来二十年。社会主義社会の実現を掲げていた労働組合も組織としての意味を失い、社会も政治もメリハリを欠くなか、そもそも「歴史に進歩があるかどうか」という設問自体が、空しい響きを持つようになってしまった。

冷戦が終って二十年、社会がなんとなく迷走を続けている理由は、目指すべき価値の基軸が動揺し続けていることにもある。社会主義が後退し、代わって世界潮流の中心に立つと思われた米国流の金融資本主義も、リーマン・ショックを経て、信頼を失ったままである。

時代に流されるまま、「人間の歴史に進歩なんかない」と、あきらめにも近い気持ちが社会を覆っているが、果たしてそれでいいのだろうか。

哲学者、市井三郎は『歴史の進歩とはなにか』のなかで、「歴史の進歩とは、自らの責任を問われる必要のないことで負わされる〝不条理な苦痛〟を減らすことだ」という主旨のことを述べている。生まれながらの貧困、ある国に生まれたという理由だけで差別されること……そんな圧倒的な不条理を、制度的・システム的に克服し、苦しみから解放することが歴史の進歩だというのだ。

この示唆は極めて重要である。なぜならそこに「人間は何のために生き、何のために働くのか」という本書の問いかけに対する、ひとつの答えがあるからだ。

自分の責任において担うべきことは、胸を張って担い、その上で、本人の責任を問われるべきでないことで苦しむ人達に温かい眼を向け、不条理な世の中の仕組みや制度を変える気迫を若者には求めたい。

「自分探し」はやめて、与えられた持ち場で、目の前の仕事に挑みながら「カセギ」と「ツトメ」の両立を実現する。さらに、その延長線上で、世の中をよりよい方向に変えるために力を尽くす。それが働くということではないかと、これまで繰り返し語ってきた。

じつは、新渡戸稲造の『世渡りの道』にも、こんなことが書かれている。

「己の現在の義務を完全に尽すものが一番エライと思う。而して己の現在の義務は何であるかを確に認め得る人は、人生の義務と目的を解する途に進む者であると思う。故に前に述べた人生の目的とは何かということを解するには、己の生ける目的を解するに若かぬと思う。自分の生涯の目的を判断するには、徒らに己はエライものであると思うて居ては、判断が出来るものではない。己の居る場所、就ける職業、周囲の要求する義務を、如何に小さくとも、如何につまらなくとも、全く之を尽し、此人ならでは出来ぬ、此人がなくては困る、というだけにならなければ、自分の天職を完うしたものとは云われぬ。従って、人生の目的は何であるかも亦到底解決されたものではないと思う」

新渡戸も、似たようなことを説いていたのだ。そして、自分をよく生かし、人にも「よく生かされる」こと、社会のなかで活動し、同胞を助け、また助けられることが人の人たる道だと、述べているのである。

そうはいっても自分のやる仕事なんて、歴史の進歩などという大それたこととは何の関係もないと、思っている人もいるだろう。

決して、そんなことはないと断言したい。社会人として政治に向き合う姿勢であれ、社会イノベーションへの貢献であれ、社会をよい方向に導くことに、自分自身や所属する組織が何らかの形で関わることは大いにありうるのだ。

第一章で触れた「物知らずのサル」のように、社会にぶら下がって日々を生き延びるだけではなく、仕事を通じて社会的な役割を果たし、歴史が一歩でも前に進むよう尽力する。それが「賢いサル」たる人間の役目ではないだろうか。

大量のエントリーシートを記入することだけが就職活動ではない。就職や転職という人生の岐路で、「自分はなぜ働くのか」「人生の目的とは何か」を立ち止まってじっくりと考えてほしい。

そんな思いから、若い人に向けて「働くこと」の意味を語ってきた。

無事に就職が決まっても、それでハッピーエンドではない。大きな壁にぶつかったり、「これでいいのか?」と悩むことも多いだろう。

「この仕事を通じて、自分は世の中にどう関わっているのか」

絶えず自分にそう問いかけることを怠らない社会人になってほしい。

おわりに

困難な時代に

若者が迷いなく生きることができた時代は幸福であった。司馬遼太郎の『坂の上の雲』に描きだされた明治という時代は、日本のすべてが一つの方向を向いて歩んでいた時代であり、確かに困難な時代ではあったが、そこに生きた人々は充足感の中を生きることができた時代だったともいえる。「個人の志」と「帰属する組織の目的」と「国家の目指す目標」が一気通貫のようにつながっており、迷いも葛藤もなく生きることが可能だった。

『坂の上の雲』の主人公秋山真之が、ワシントン駐在武官として活動していた時のことを調べたことがある。当時、ホワイトハウスの横に海軍省があり、そのビルの三階にあった「海軍文庫」に通い詰めて、秋山はマハンの『海上権力史論』をはじめ、古今東西の戦略関係の文献を読み漁った。こうした研鑽の中から、日本海海戦に向き合った「天才参謀」秋山真之の知見が構築されたことは間違いない。その頃のことについて、秋山は「自分が一日怠ければ、日本が一日遅れる」という言葉を残している。今日からすれば、なんとも事大主義的な言葉と思われるだろうが、明治の青年の本音だったのであろう。

現代のようにここまで個が分断され、アトム化された状況を生きる時代はあまりにも過酷であり、個の孤独感の闇は深く、簡単に「志」などといえる環境ではない。第六章で、新渡戸稲造や内村鑑三の生き方に触れたが、偉大な先達の生き方がそのまま当てはまる時代状況ではないことを十分に認識しつつも、それぞれの時代と向き合い真剣に自らの生き方を模索した人たちへの敬意は失いたくない。結局、大切なのは「素心」なのだと思う。何かと出会い、あるいは何らかのきっかけで何かに気付き、人は決意を固めて「あるべき自分の人生」に立ち向かった。約束された人生などあるはずもない。うまくいくことなど簡単ではない。苦しみぬきながら前進しているうちに、周りに理解者や支援者の輪が形成されていったというのが何かを成し遂げた人の人生だといってよい。道は遠いが素心をもって生きるしかないのだ。

熱く燃え始めた教育への思い

この本執筆のきっかけは、ＢＳ12チャンネル・Twellv《トウエルビ》で、二〇一二年十二月から二〇一三年三月まで、月9トークとして「就職を機に世界と人生を考える」という重いタイトルの一時間番組を引き受け、就職に苦闘する学生を前にして、「この人の話を聞かせたい」と思う十人の人物との対談を試みたことである。全十三回放送された、その番組の総括ともいえるものがこの本の第二章「創造的に働くフロントランナーに学ぶ」である。学生と共に先達ともいえる人達の話を受け止め、私自身深く考えることがあった。そうした思いをより体系的に整理し、私自身のこれまでの仕事への向き合い方も加えて新書本にしてみようという話が、長い親交のある文春の向坊健氏との間に持ちあがった。だが、語るべきことを収斂させ、一つの作品にするのは簡単ではなかった。

何よりも、私の本音の部分では、若者に自分の人生を振り返って語る趣味はなく、自分の人生が今を生きる若者にそのまま参考になるとは思えないからである。また、昔話に浸る余裕はないという思いも強い。現在も、私はエネルギー問題や安全保障・国際関係問題で手探りの中を動いており、結局二〇一三年のゴールデンウィークの十日間のニューヨーク、ワシントン出張の間も、多くの面談を終えた後、この本の一次原稿への加筆修正に悩みながらホテルで深夜まで格闘することになった。また、この「おわりに」は日本に戻る太平洋上のANAの機内で書き上げることとなった。

ただ、自分自身の立ち位置と問題意識が、大学の学長を引き受けてからこの数年、微妙に変化してきたことも確かである。「教育」ということを強く意識し始めたということである。経済社会の現場に身を置き、現実の社会が直面する課題に向き合うことや、シンクタンクの責任者として政策科学の進化にかける情熱に変わりはないが、同時に、次世代を育てる「教育」という分野への思いが熱く燃え始めているからである。

多摩大学での試み

この三月、私が多摩大学学長となって、最初の入学式で話をした年次の学生が卒業していった。卒業にあたって、何人かの学生が手紙や連絡をくれた。学長という仕事は、教壇に立つ機会も少なく、学生の個別指導をすることもないのだが、中には私が監修するリレー講座「現代世界解析講座」や課題解決型インターゼミ「社会工学研究会」に積極参加する学生もいて、気持ちを伝えてくれたということである。

「私は寺島先生の言葉に刺激を受け、リレー講座も欠かさず聴講し、インターゼミも参加しました。アジアにも足を運び、アジアダイナミズムを実感しました。就業体験のワークプレイスメントも何社か体験しました。心を決めて、観光事業会社に就職します。ありがとうございました」という手紙もあった。私は心が熱くなった。そして、決して楽な人生が彼らを待ち受けているとは思えないが、「頑張れ」とつぶやいて、握手をして送り出した。

多摩大学は来年創立二十五周年を迎える若い大学で、初代学長の野田一夫氏と経営母体である田村学園の田村邦彦氏が、「実学志向の新しい大学」という志を持って設立した。野田一夫、中村秀一郎、グレゴリー・クラーク、中谷巌というそれぞれユニークな顔ぶれの学長の後を受け、私が五代目の学長である。それぞれ教育方針は異なる部分もあるが、基本は偏差値幻想で出来上がった日本の大学教育において、「ゼミ中心の手づくり感ある大学教育」を通じて「現実の社会で役立つ実学を学ばせる」ことを試みてきたといえる。多摩市に「経営情報学部」、藤沢市に六年前から設立した英語で授業を行うことを原則とする「グローバルスタディーズ学部」、品川に社会人大学院という体制で運営しており、まだ道半ばではあるが、私は少しずつ手ごたえを感じている。

リレー講座「現代世界解析講座」は、私自身が監修し、年間二十四回、そのうち六回は私自身が講義をしているのだが、現代世界を深く理解する上で必要と思われる専門家を招いてリレー講座という形で積み上げている。対象は学生に加えて、半数以上は地域社会を中心とする社会人で、既に五年間で百二十回、延べ参加者は六万人を超えた。社会人参加者は年間約二万円を支払って参加して頂いており、大学としても実験であった。講義者には、元国連事務次長の明石康さんや地方行政に関わってこられた北川正恭さん・浅野史郎さん、評論家の佐高信さん・財部誠一さん、ジャーナリストの岸井成格さん・岩田公雄さん・中西哲生さんなどの協力をいただいてきた。学生にはレポートを義務付け、単位として認定しているのだが、社会人参加者のリピーター率は約八割で、着実に地域社会の時代認識を深める知的インフラになりつつある。

インターゼミとは、「社会工学研究会」として毎週土曜日、九段北寺島文庫三階のサテライト教室で行っている私自身の直轄ゼミナールである。大学院生と学部の学生約三十人を五つの班に分けて、それぞれに年間課題としての研究テーマを与え、文献研究とフィールドワークでチームとして課題に対する論文を書き上げる作業に挑戦させるものである。一つの班に教授が二人以上配置され、世代を超えた共同研究になっているところがミソである。研究課題は「多摩学研究（多摩という地域研究）」「サービス産業研究（これまではディズニー研究）」「地域活性化研究（東北復興などに関るフィールドワーク）」「エネルギー・環境問題研究」「アジアダイナミズム研究」などを四年にわたって積み重ねており、私の手元には四冊の研究論文集となって残っている。中には個別の研究論文が、コンテストの優秀賞を得たり、企業および地方公共団体から感謝状をもらう事例もでてきた。

およそ実社会で若者が担当する仕事は、与えられた課題をチームとして、限られた時間でフィールドワークと文献研究で解答をまとめあげるという方法によって、簡単に成果があがるものではないが、説得力のある切り口とプレゼンテーションを含めて、インターゼミは厳しい予行演習になるはずである。学生時代という貴重な時間に視界を広げ、社会人として「カセギ」と「ツトメ」の両立を果たす基礎力を身に付けてもらいたいと願っている。

寺島文庫という実験

九段北の寺島文庫をスタートさせたのは二〇〇八年の秋であった。世田谷の駒沢に持っていた書庫兼物書き場を都心に移して、若い後進達にも利用させて研究会・勉強会の場としたいというのは積年の夢だった。私が集めてきた書物・文献は「一九〇〇年への旅」（『フォーサイト』連載の後、新潮選書『二十世紀から何を学ぶか』と改題）や「一七世紀オランダからの視界」（『世界』連載中）などの執筆のために必要なもので、ほぼ四万冊を超す地歴に関する文献となっている。文献は日々増加しつつあり、駒沢と合わせれば五万冊というところで、文庫ビルの四・五階は私にとって大切な執筆と思索の空間である。

このところ、思いもかけぬ貴重な文献の入手が続き、寺島文庫は小さなアーカイブスの性格を持ち始めた。ペリー提督のサイン付の『日本遠征記』原本（百冊のうちの一冊）やマッカーサー元帥サイン入りの『マッカーサー回想記』初版本、セオドル・ルーズベルト以降の米国の歴代大統領サイン入りの本などがいつの間にか集まり、最近ではモンタヌスやケンペルの『日本誌』の初版本などの一七・一八世紀の稀少本が加わっている。

また、予期していた以上に様々な研究会・勉強会の磁場となってきており、アジアユーラシア研究会、ロシア研究会、米国研究会などの地域研究会活動のほか、超党派の中堅政治家による政策研究会や、新聞・出版・放送の関係者によるメディア研究会、知的生産の技術研究会などの異業種交流会、ミニコンサートなどが行われる拠点となりつつある。

この四月からは、一階のカフェ「みねるばの森」がＮＰＯ法人として認定され、若者の就業支援、留学生の活動支援とそれを支えるアクティブ・シニアの社会参画の磁場としての活動を開始した。神田の古本屋街にも近く、若者と高齢者のまずは一万人のネットワーク構築を図りたいと考えている。寺島文庫は私の社会実験の場でもあるのだ。

この本は寺島文庫での七回にわたる収録をベースに口述でまとめたものである。一次ドラフトは、『週刊文春』の「新・家の履歴書」での私の回を纏めてくれたライターの梶山寿子さんが私の話を集約したものを、私自身が再考・加筆修正する形で作品化した。編集者の向坊健、波多野文平の両氏も、土曜日の午後、寺島文庫で行われた総ての収録に立ち会い、最初の私の話の聞き手となってくれ、的確なアドバイスをいただいた。三人には心から感謝したい。どこまで若者にとって参考になるかは分からないが、自分自身のマイルストーンの確認作業にもなり、手にした後進が何かヒントでもつかんでくれればと願うだけである。

「ヨイトマケの唄」から語り始めた話もいよいよ終わりとしたい。人生には誰にでも当てはまる一般解などない。自分自身の特殊解に立ち向かうしかないのである。禅の研究者たる鈴木大拙は人生に向かう構えを「アーティスト・オブ・ライフ」といい、人生の芸術家になるという姿勢の大切さを語っていた。予期できぬ、思うに任せぬ人生であるが、自分という人生のキャンバスに、自分の意思で絵の具と筆を選び、自分の構想の下にひたすら作品を描き続けること、それが人生に向き合うすべてだというのである。効率的に人生の成果が挙がることなど期待すべくもない。一点の素心をもって自らのキャンバスに向き合うこと、その中から自ずと理解者・支援者の輪が広がるのである。それが共鳴者を得て「ネットワーク化」されていく過程に、分断されアトム化された個を超えた新しい「ワークフェア（能動的福祉）社会」の地平が見えてくるのではないかと私は考えている。自らの人生に立ち向かう若者に心から「グッドラック」という言葉を贈り、健闘を祈りたいと思う。

二〇一三年五月
日本の地平が見えてきたＡＮＡ機上にて

寺島実郎

寺島実郎（てらしま　じつろう）

1947年、北海道生まれ。73年、早稲田大学大学院政治学研究科修士課程修了後、三井物産に入社。調査部、業務部を経て、米ブルッキングス研究所に出向。その後、米国三井物産ワシントン事務所長、三井物産業務部総合情報室長、三井物産戦略研究所所長などを歴任。現在は日本総合研究所理事長、多摩大学学長、三井物産戦略研究所会長を務める。『新経済主義宣言』『国家の論理と企業の論理』『二十世紀から何を学ぶか』『脳力のレッスン』『世界を知る力』『大中華圏』など著書多数。

文春新書

921

何《なん》のために働《はたら》くのか　自分《じぶん》を創《つく》る生《い》き方《かた》

2013年（平成25年）6月20日　第1刷発行

著　者　寺　島　実　郎
発行者　飯　窪　成　幸
発行所　株式会社　文　藝　春　秋

〒102-8008　東京都千代田区紀尾井町3-23
電話（03）3265-1211（代表）

印刷所　理　想　社
付物印刷　大　日　本　印　刷
製本所　大　口　製　本

定価はカバーに表示してあります。
万一、落丁・乱丁の場合は小社製作部宛お送り下さい。
送料小社負担でお取替え致します。

©Jitsuro Terashima　　Printed in Japan

ISBN978-4-16-660921-5

本書の無断複写は著作権法上での例外を除き禁じられています。
また、私的使用以外のいかなる電子的複製行為も一切認められておりません。

◆日本の歴史

日本神話の英雄たち　林 道義
日本神話の女神たち　林 道義
古墳とヤマト政権　白石太一郎
一万年の天皇　上田 篤
謎の大王 継体天皇　水谷千秋
謎の豪族 蘇我氏　水谷千秋
謎の渡来人 秦氏　水谷千秋
女帝と譲位の古代史　水谷千秋
孝明天皇と「一会桑」　家近良樹
天皇陵の謎　矢澤高太郎
四代の天皇と女性たち　小田部雄次
対論 昭和天皇　原 武史・保阪正康
昭和天皇の履歴書　文春新書編集部編
昭和天皇と美智子妃 その危機に　加藤恭子・田島恭二監修
皇族と帝国陸海軍　浅見雅男
平成の天皇と皇室　高橋 紘
皇位継承　高橋 紘・所 功
美智子皇后と雅子妃　福田和也
天皇はなぜ万世一系なのか　本郷和人
皇太子と雅子妃の運命　文藝春秋編
戦国武将の遺言状　小澤富夫
江戸の都市計画　童門冬二
徳川将軍家の結婚　山本博文
江戸城・大奥の秘密　安藤優一郎
幕末下級武士のリストラ戦記　安藤優一郎
旗本夫人が見た江戸のたそがれ　深沢秋男
徳川家が見た幕末維新　徳川宗英
伊勢詣と江戸の旅　金森敦子
甦る海上の道・日本と琉球　谷川健一
合戦の日本地図　武光 誠・合戦研究会
大名の日本地図　中嶋繁雄
名城の日本地図　西ヶ谷恭弘・日竎貞夫
県民性の日本地図　武光 誠
宗教の日本地図　武光 誠
白虎隊　中村彰彦
新選組紀行　中村彰彦・神長文夫
福沢諭吉の真実　平山 洋
元老 西園寺公望　伊藤之雄
山県有朋 愚直な権力者の生涯　伊藤之雄
渋沢家三代　佐野眞一
明治のサムライ　太田尚樹
「坂の上の雲」100人の名言　東谷 暁
日露戦争 勝利のあとの誤算　黒岩比佐子
徹底検証 日清・日露戦争　半藤一利・秦 郁彦・原 剛・松本健一・戸高一成
鎮魂 吉田満とその時代　粕谷一希
旧制高校物語　秦 郁彦
日本を滅ぼした国防方針　黒野 耐
ハル・ノートを書いた男　須藤眞志
日本のいちばん長い夏　半藤一利編
昭和陸海軍の失敗　半藤一利・秦 郁彦・平間洋一・保阪正康・黒野 耐・戸高一成・戸部良一・福田和也
あの戦争になぜ負けたのか　半藤一利・保阪正康・中西輝政・戸高一成・福田和也・加藤陽子
二十世紀 日本の戦争　阿川弘之・猪瀬直樹・中西輝政・秦 郁彦・福田和也

零戦と戦艦大和　半藤一利・秦郁彦・前間孝則・鎌田伸一・戸髙一成・江畑謙介・兵頭二十八・福田和也・清水政彦
十七歳の硫黄島　秋草鶴次
指揮官の決断　満州とアッツの将軍　樋口季一郎　早坂　隆
松井石根と南京事件の真実　早坂　隆
硫黄島　栗林中将の最期　梯　久美子
特攻とは何か　森　史朗
銀時計の特攻　江森敬治
帝国陸軍の栄光と転落　別宮暖朗
帝国海軍の勝利と滅亡　別宮暖朗
日本兵捕虜は何をしゃべったか　山本武利
幻の終戦工作　竹内修司
東京裁判を正しく読む　牛村　圭・日暮吉延
昭和史の論点　坂本多加雄・秦郁彦・半藤一利・保阪正康
昭和の名将と愚将　半藤一利・保阪正康
昭和史入門　保阪正康
対談　昭和史発掘　松本清張
昭和十二年の「週刊文春」　菊池信平編
昭和二十年の「文藝春秋」　文春新書編集部編

「昭和80年」戦後の読み方　中曾根康弘・西部邁・松井孝典・松本健一
誰も「戦後」を覚えていない　鴨下信一
誰も「戦後」を覚えていない［昭和20年代後半篇］　鴨下信一
誰も「戦後」を覚えていない［昭和30年代篇］　鴨下信一
ユリ・ゲラーがやってきた　鴨下信一
評伝　若泉敬
―愛国の密使　森田吉彦
同時代も歴史である
一九七九年問題　坪内祐三
シェーの時代　泉　麻人
昭和の遺書　梯　久美子
父が子に教える昭和史　福田和也ほか
原発と原爆　有馬哲夫
歴史人口学で見た日本　速水　融
コメを選んだ日本の歴史　原田信男
閨閥の日本史　中嶋繁雄
名字と日本人　武光　誠
日本の童貞　渋谷知美
日本の偽書　藤原　明
明治・大正・昭和　30の「真実」　三代史研究会

明治・大正・昭和史　話のたね100　三代史研究会
日本文明77の鍵　梅棹忠夫編著
「悪所」の民俗誌　沖浦和光
旅芸人のいた風景　沖浦和光
貧民の帝都　塩見鮮一郎
中世の貧民　塩見鮮一郎
手紙のなかの日本人　半藤一利
日本型リーダーはなぜ失敗するのか　半藤一利
「阿修羅像」の真実　長部日出雄
日本人の誇り　藤原正彦
謎とき平清盛　本郷和人
よみがえる昭和天皇　辺見じゅん・保阪正康
高橋是清と井上準之助　鈴木　隆
信長の血統　山本博文

(2012. 11) A

文春新書

◆世界の国と歴史

民族の世界地図 21世紀研究会編
新・民族の世界地図 21世紀研究会編
地名の世界地図 21世紀研究会編
人名の世界地図 21世紀研究会編
常識の世界地図 21世紀研究会編
イスラームの世界地図 21世紀研究会編
色彩の世界地図 21世紀研究会編
食の世界地図 21世紀研究会編
法律の世界地図 21世紀研究会編
国旗・国家の世界地図 21世紀研究会編
ローマ人への20の質問 塩野七生
ローマ教皇とナチス 大澤武男
イタリア人と日本人、どっちがバカ? ファブリツィオ・グラッセッリ
フランス7つの謎 小田中直樹
チャーチルの亡霊 前田洋平
ロシア 闇と魂の国家 亀山郁夫 佐藤優

パレスチナ 芝生瑞和
ハワイ王朝最後の女王 猿谷要

＊

空気と戦争 猪瀬直樹
戦争学 松村劭
新・戦争学 松村劭
名将たちの戦争学 松村劭
戦争の常識 鍛冶俊樹
戦争指揮官リンカーン 内田義雄
二十世紀をどう見るか 野田宣雄

＊

歴史とはなにか 岡田英弘
歴史の作法 山内昌之
金融恐慌とユダヤ・キリスト教 島田裕巳
池上彰の宗教がわかれば世界が見える 池上彰
池上彰の「ニュース、そこからですか!?」 池上彰
新約聖書Ⅰ 新共同訳 佐藤優解説
新約聖書Ⅱ 新共同訳 佐藤優解説

◆さまざまな人生

斎藤佑樹くんと日本人 中野翠
麻原彰晃の誕生 髙山文彦
植村直己 妻への手紙 植村直己
植村直己、挑戦を語る 文藝春秋編
天下之記者「奇人」山田一郎とその時代 高島俊男
評伝 川島芳子 寺尾紗穂
最後の国民作家 宮崎駿 酒井信
夢枕獏の奇想家列伝 夢枕獏
おかみさん 海老名香葉子
泣ける話、笑える話 徳岡孝夫 中野翠
ニュースキャスター 大越健介
生きる悪知恵 西原理恵子
ラジオのこころ 小沢昭一

◆アジアの国と歴史

中国人の歴史観　劉　傑
乾隆帝　中野美代子
蔣介石　保阪正康
もし、日本が中国に勝っていたら　趙　無眠　富坂聰訳
「南京事件」の探究　北村　稔
旅順と南京　一ノ瀬俊也
松井石根と南京事件の真実　早坂　隆
百人斬り裁判から南京へ　稲田朋美
若き世代に語る日中戦争　伊藤桂一　野田明美
中国はなぜ「反日」になったか　清水美和
外交官が見た「中国人の対日観」　道上尚史
中国共産党「天皇工作」秘録　城山英巳
中国人一億人電脳調査 共産党より日本が好き？　城山英巳
中国共産党 葬られた歴史　譚　璐美
中国の地下経済　富坂　聰
中国人民解放軍の内幕　富坂　聰

中国艶本大全　土屋英明
中国雑話 中国的思想　酒見賢一
中国を追われたウイグル人　水谷尚子
笑う中国人 毒入り中国ジョーク集　相原　茂
日中韓 歴史大論争　櫻井よしこ編著

＊

韓国人の歴史観　黒田勝弘
〝日本離れ〟できない韓国　黒田勝弘
韓国併合への道 完全版　呉　善花
竹島は日韓どちらのものか　下條正男
在日韓国人の終焉　鄭　大均
在日・強制連行の神話　鄭　大均
韓国・北朝鮮の嘘を見破る 近現代史の争点30　鄭　大均　古田博司編著
歴史の嘘を見破る 日中近現代史の争点35　中嶋嶺雄編著
中国が予測する〝北朝鮮崩壊の日〟　綾　野　富坂聰編
北朝鮮・驚愕の教科書　宮塚利雄　宮塚寿美子
東アジア「反日」トライアングル　古田博司
新脱亜論　渡辺利夫

ソニーはなぜサムスンに抜かれたのか 「朝鮮日報」で読む日韓逆転　菅野朋子
金正日と金正恩の正体　李　相哲

(2012. 11) B

◆政治の世界

◆経済と企業

マネー敗戦　吉川元忠
新・マネー敗戦　岩本沙弓
強欲資本主義 ウォール街の自爆　神谷秀樹
ゴールドマン・サックス研究 世界経済崩壊の真相　神谷秀樹
黒字亡国 対米黒字が日本経済を殺す　三國陽夫
石油の支配者　浜田和幸
金融工学、こんなに面白い　野口悠紀雄
定年後の8万時間に挑む　加藤　仁
人生後半戦のポートフォリオ　水木　楊
霞が関埋蔵金男が明かす「お国の経済」　髙橋洋一
臆病者のための株入門　橘　玲
臆病者のための裁判入門　橘　玲
企業危機管理　実戦論　田中辰巳
企業コンプライアンス　後藤啓二
ハイブリッド　木野龍逸
日本企業モラルハザード史　有森　隆

熱湯経営　樋口武男
先の先を読め　樋口武男
オンリーワンは創意である　町田勝彦
明日のリーダーのために　葛西敬之
インド　IT革命の驚異　榊原英資
東電帝国　その失敗の本質　志村嘉一郎
サイバー・テロ　日米vs.中国　土屋大洋

＊

エコノミストは信用できるか　東谷　暁
エコノミストを格付けする　東谷　暁
生命保険のカラクリ　岩瀬大輔
日本経済の勝ち方 太陽エネルギー革命　村沢義久
資産フライト　山田　順
団塊格差　三浦　展
ポスト消費社会のゆくえ　辻井　喬　上野千鶴子
いつでもクビ切り社会　森戸英幸
自分をデフレ化しない方法　勝間和代
JAL崩壊　日本航空・グループ2010

ユニクロ型デフレと国家破産　浜　矩子
もし顔を見るのも嫌な人間が上司になったら　江上　剛
就活って何だ　森　健
ぼくらの就活戦記 難関企業内定者40人の証言　森　健
出版大崩壊 電子書籍の罠　山田　順
さよなら！　僕らのソニー　立石泰則
修羅場の経営責任　国広　正
日本人はなぜ株で損するのか？　藤原敬之
日本国はいくら借金できるのか？　川北隆雄
ビジネスパーソンのための契約の教科書　福井健策
ビジネスパーソンのための企業法務の教科書　西村あさひ法律事務所編

(2012. 11) C

◆考えるヒント

常識「日本の論点」　『日本の論点』編集部編
10年後の日本　『日本の論点』編集部編
10年後のあなた　『日本の論点』編集部編
27人のすごい議論　『日本の論点』編集部編
論争 格差社会　文春新書編集部編
大丈夫な日本　福田和也
孤独について　中島義道
性的唯幻論序説　岸田 秀
唯幻論物語　岸田 秀
なにもかも小林秀雄に教わった　木田 元
民主主義とは何なのか　長谷川三千子
寝ながら学べる構造主義　内田 樹
私家版・ユダヤ文化論　内田 樹
うほほいシネクラブ 街場の映画論　内田 樹
完本 紳士と淑女　徳岡孝夫
信じない人のための〈法華経〉講座　中村圭志

お坊さんだって悩んでる　玄侑宗久
静思のすすめ　大谷徹奘
平成娘巡礼記　月岡祐紀子
生き方の美学　中野孝次
なぜ日本人は賽銭を投げるのか　新谷尚紀
京都人は日本一薄情か 落第小僧の京都案内　倉部きよたか
小論文の書き方　猪瀬直樹
勝つための論文の書き方　鹿島 茂
面接力　梅森浩一
退屈力　齋藤 孝
坐《すわ》る力　齋藤 孝
断る力　勝間和代
愚の力　大谷光真
誰か「戦前」を知らないか　山本夏彦
百年分を一時間で　山本夏彦
男女の仲　山本夏彦
「秘めごと」礼賛　坂崎重盛
わが人生の案内人　澤地久枝

論争 若者論　文春新書編集部編
成功術 時間の戦略　鎌田浩毅
東大教師が新入生にすすめる本　文藝春秋編
東大教師が新入生にすすめる本2　文藝春秋編
世界がわかる理系の名著　鎌田浩毅
人気講師が教える理系脳のつくり方　村上綾一
ぼくらの頭脳の鍛え方　立花 隆 佐藤 優
人間の叡智　佐藤 優
世間も他人も気にしない　ひろ さちや
風水講義　三浦國雄
「日本人力」クイズ　清野 徹 現代言語セミナー
丸山眞男 人生の対話　中野 雄
ガンダムと日本人　多根清史
日本版白熱教室 サンデルにならって正義を考えよう　小林正弥
聞く力　阿川佐和子
選ぶ力　五木寛之
〈東大・京大式〉頭がよくなるパズル　東田大志& 東大・京大パズル研究会

◆こころと健康・医学

こころと体の対話　神庭重信
人と接するのがつらい　根本橘夫
傷つくのがこわい　根本橘夫
「いい人に見られたい」症候群　根本橘夫
依存症　信田さよ子
不幸になりたがる人たち　春日武彦
親の「ぼけ」に気づいたら　斎藤正彦
100歳までボケない101の方法　白澤卓二
100歳までボケない101の方法 実践編　白澤卓二
愛と癒しのコミュニオン　鈴木秀子
心の対話者　鈴木秀子
うつは薬では治らない　上野　玲
スピリチュアル・ライフのすすめ　樫尾直樹

＊

食べ物とがん予防　坪野吉孝
わたし、ガンです ある精神科医の耐病記　頼藤和寛

がんというミステリー　宮田親平
あなたのための がん用語事典　国立がんセンター監修 日本医学ジャーナリスト協会編著
僕は、慢性末期がん　尾関良二
がん再発を防ぐ「完全食」　済陽高穂
熟年性革命報告　小林照幸
熟年恋愛講座 高齢社会の性を考える　小林照幸
熟年恋愛革命 恋こそ最高の健康法　小林照幸
アンチエイジングSEX その傾向と対策　小林照幸
こわい病気のやさしい話　山田春木
風邪から癌まで つらい病気のやさしい話　山田春木
花粉症は環境問題である　奥野修司
めまいの正体　神崎　仁
膠原病・リウマチは治る　竹内　勤
妊娠力をつける　放生　勲
脳内汚染からの脱出　岡田尊司
ダイエットの女王　伊達友美
神様は、いじわる　さかもと未明
医療鎖国 なぜ日本ではがん新薬が使えないのか　中田敏博

名医が答える「55歳からの健康力」　東嶋和子
〈達者な死に方〉練習帖 賢人たちの養生法に学ぶ　帯津良一
民間療法のウソとホント　蒲谷　茂
がん放置療法のすすめ　近藤　誠
痛みゼロのがん治療　向山雄人
最新型ウイルスでがんを滅ぼす　藤堂具紀
ごきげんな人は10年長生きできる　坪田一男
50℃洗い 人も野菜も若返る　平山一政

◆文学・ことば

ドストエフスキー　亀山郁夫
ひとすじの蛍火 吉田松陰 人とことば　関 厚夫
松本清張の残像　藤井康栄
松本清張への召集令状　森 史朗
松本清張の「遺言」　原 武史
藤沢周平 残日録　阿部達二
司馬遼太郎という人　和田 宏
三島由紀夫の二・二六事件　松本健一
回想 回転扉の三島由紀夫　堂本正樹
六十一歳の大学生、父 野口冨士男の遺した一万枚の日記に挑む　平井一麦
追憶の作家たち　宮田毬栄
それぞれの芥川賞 直木賞　豊田健次
文豪の古典力　島内景二
中島敦「山月記伝説」の真実　島内景二

＊

短歌博物誌　樋口 覚
「古事記」の真実　長部日出雄
源氏物語とその作者たち　西村 亨
江戸川柳で読む忠臣蔵　阿部達二
とっておきの東京ことば　京須偕充
すごい言葉　晴山陽一
日本人の遺訓　桶谷秀昭
漢字の相談室　阿辻哲次
舊漢字　萩野貞樹
漢字と日本人　高島俊男
座右の名文　高島俊男
大人のジョーク　馬場 実
日本語と韓国語　大野敏明
蓮池流韓国語入門　蓮池 薫
あえて英語公用語論　船橋洋一
翻訳夜話　村上春樹 柴田元幸
翻訳夜話2 サリンジャー戦記　村上春樹 柴田元幸
記憶の「9マス英単語」　晴山陽一
語源でわかった！英単語記憶術　山並陞一
語源の音で聴きとる！英語リスニング　山並陞一
外交官の「うな重方式」英語勉強法　多賀敏行
日本語の21世紀のために　丸谷才一 山崎正和
英語の壁　マーク・ピーターセン
危うし！小学校英語　鳥飼玖美子

＊

あの頃、あの詩を　鹿島 茂編
俳句鑑賞450番勝負　中村 裕
行蔵は我にあり　出久根達郎
恋の手紙 愛の手紙　半藤一利
「書く」ということ　石川九楊
桜の文学史　小川和佑
おくのほそ道 人物紀行　杉本苑子
おせい&カモカの昭和愛惜　田辺聖子
書評家〈狐〉の読書遺産　山村 修
随筆 本が崩れる　草森紳一
不許可写真　草森紳一
人声天語　坪内祐三

名文どろぼう　竹内政明
名セリフどろぼう　竹内政明
弔辞 劇的な人生を送る言葉　文藝春秋編
漢詩と人生　石川忠久
イエスの言葉 ケセン語訳　山浦玄嗣
易経入門　氷見野良三
五感で読む漢字　張 莉

◆食の愉しみ

フランスワイン 愉しいライバル物語　山本 博
中国茶図鑑［カラー新書］　工藤佳治 兪 向紅 写真・丸山洋平
チーズ図鑑［カラー新書］　文藝春秋編
ビール大全　渡辺 純
発酵食品礼讃　小泉武夫
牡蠣《かき》礼讃　畠山重篤
鮨屋の人間力　中澤圭二
すきやばし次郎 鮨を語る　宇佐美 伸
毒草を食べてみた　植松 黎
実践 料理のへそ！　小林カツ代
一杯の紅茶の世界史　磯淵 猛
歴史のかげにグルメあり　黒岩比佐子
世界奇食大全　杉岡幸徳
辰巳芳子 スープの手ほどき 和の部　辰巳芳子
辰巳芳子 スープの手ほどき 洋の部　辰巳芳子

（2012. 11）E

◆サイエンス

◆ネットと情報

◆アートの世界

（2012. 11）F

文春新書好評既刊

山内昌之
歴史の作法
人間・社会・国家
どうすれば歴史の真実にたどりつけるのか、どう書けば伝えられるのか？　イスラム史研究の第一人者が考察する歴史学の意味と使命
345

塩野七生
日本人へ　リーダー篇
ローマ帝国は危機に陥るたびに挽回した。では、今のこの国になにが一番必要なのか。「文藝春秋」の看板連載がついに新書化なる
752

塩野七生
日本人へ　国家と歴史篇
ローマの皇帝たちで作る「最強内閣」とは？とらわれない思考と豊かな歴史観に裏打ちされた日本人へのメッセージ、好評第２弾
756

森　健
ぼくらの就活戦記
難関企業内定者40人の証言
ＪＴＢ、ＪＲ東海、伊藤忠、明治製菓、電通……人気企業15社の内定者が語るエントリーシートの書き方、自己分析のツボ、面接必勝法
775

佐藤　優
人間の叡智《えいち》
世界はすでに「新・帝国主義」で再編中だ！ＴＰＰでの日本の巻き返し策から、就職活動で目指すべき分野まで、役に立つ世界情勢論
869

文藝春秋刊